大増税でもあわてない相続・贈与の話

改正相続税法対応のすべて

【大活字版】

天野　隆

はじめに

あなたは、自分の親がどのくらいの資産を持っているのか、正確に把握していますか？　ＹＥＳと答えられる人は、ほとんどいないのではないでしょうか。

私は、これまで数多くの相続を見てきましたが、子ども（相続人）が親（被相続人）の資産を正確に把握していたケースは、あまり多くありません。不動産などの目に見える資産はおおよそ見当がついても、預金や株式などの金融資産は、形がないだけに推測が難しいからです。

親にしても、自分がいよいよボケてしまうのではないか、というギリギリのところまで、預金額などは子どもにさえ教えないものです。

ここに、1つのデータがあります。70歳以上の世帯（2人以上世帯）がどの程度の資産を保有しているか、というものです。

これによると保有資産は、全国平均で*５９６１万円です。これは、ローンなどの負債は差し引いた後のものですから、純粋な資産額です。

いかがですか？　あなたが思っているよりも、親世代が保有している資産の額は大きいのではないでしょうか？　もし、あなたの親が80歳代であれば、金額はさらに上昇するはずです。

資産の内訳を見てみると、金融資産と不動産が資産額の大半を占めます。金融資産が２０２６万円、不動産が３８１７万円となっています。これは全国平均ですから、都市部では、とくに不動産の価格はもっと跳ね上がるでしょう。

あなたのご両親に万が一のことがあれば、この資産をあなたが受け継ぐことになるのです。

相続税の増税が決まり、ごく一般的な家庭でも相続税と無縁ではいられない時代がやってきました。首都圏では、相続が発生したとき、およそ２人に１人の割合で相続税の申告が必要になると、私ども税理士法人レガシィでは予測しています。

これは大変なことです。しかし、必要以上に騒ぎ立てるのは賢明ではありません。巷(ちまた)では「相続税の支払いのために、自宅を手放さなければならなくなる」と言われていますが、それは極論です。

たとえば、資産額(相続税の課税価格)が8000万円で、相続人が母親と子ども2人の場合、増税後に支払う相続税額は175万円です。前述のデータによれば、金融資産が約2000万円ありますから、この程度の相続税であれば、十分に支払うことができるでしょう。それほど、あわてる必要はないのです。

あわてる必要はありませんが、一般家庭でも相続税と無縁ではなくなったことは事実ですから、できる対策は早めに講じておくことが大切です。

せっかく親が残してくれた資産ですから、相続税で目減りさせることは避けたいでしょうし、相続税の申告が必要になれば、税理士に依頼する必要も出てきます。そうなれば、手間もかかりますし、税理士に依頼するための費用も必要になってきます。

＊政府税制調査会「第2回基礎問題検討小委員会」(平成22年4月5日)の資料より

相続税の申告が必要のない範囲に資産を圧縮できれば、それに越したことはありません。そのためには、まず、あなたの両親がどの程度の資産を保有しているのかを確認しなければなりません。

私はつねづね、「親孝行、計ってみれば数億円」と言っています。親孝行をすることこそが、最大の節税対策になる、という意味です。親孝行と節税が一体どう結びつくのか、分からないかもしれません。しかし、これは、長年、私が相続問題に携わってきて、実感していることなのです。

それはなぜか？　どうすれば上手に節税ができるのか？　本書でくわしく解説していきます。

相続税の増税は、平成27年1月1日以降の相続に適用されます。相続税がかかるのか、かからないのか。かかるとすれば、どの程度の納税が必要になるのか。増税がスタートする前に把握しておきましょう。

私どもは、相続専門の税理士法人として、これまで累計３１９０件の相続税の申告を行ってきました。これは日本一の申告件数です。本書では、これまで培ってきたノウハウを総動員して、あなたがいま何をすべきかを丁寧に解説していきます。また、私どもと一緒に相続問題に取り組んでくださっている弁護士の松下雄一郎先生に法務監修をお願いし、親が元気なうちにやっておくべき、〝争族〟対策や相続税対策を解説しています。

これから相続を迎える人のための入門書として、また、トラブル回避、税金対策の手引きとして、お役立ていただければ幸いです。

２０１３年5月

税理士法人レガシィ代表社員
税理士　天野　隆

目次

第3章　あなたは相続税の対象か？——ざっと計算してみよう

第4章 相続税はいつ、誰が支払う？——申告までの手順を知ろう

第5章　本当に怖い《立場別》相続トラブルの注意ポイントとは？

第6章　生前にもらうvs.相続まで待つ——どっちが有利？

第7章 いますぐ実践したい！――効果的な相続税対策を教えます

第1章　今回の税制改正の相続に関するポイントは？

●──もはや会社員でも相続税と無縁ではいられない⁉

都内のデパートに勤める会社員の吉田純一さん（42歳）は、ある日、仕事帰りに立ち寄ったセミナーで衝撃的な事実を知りました。埼玉県川口市の実家が、相続の際に相続税の対象になりそうだということが分かったのです。

吉田さんの父親は、現在73歳。70歳の母親と2人で暮らしています。吉田さんは長男ですが、親と同居すると何かと面倒なことがあると考えて、都心に中古マンションを購入し、妻と子ども2人と住んでいます。

実家の土地は50坪で、相続税評価額は約5000万円。そのほか諸々を合わせても現在は基礎控除の範囲内なので、相続税はかかりません。しかし、平成27年1月1日以降に相続が発生すると、200万円程度の相続税が発生するというのです。マンションのローン返済や子どもたちの教育費などが家計に重くのしかかる吉田さんにとって、200万円は簡単に用意できる金額ではありません。

「相続なんてまだ先のこと」とは思いつつも、実家の土地・建物は「いずれ自分のもの」という意識は漠然とありました。吉田さんには兄弟がいないので、遺産分割でもめる心配もありません。いずれは、実家に引っ越しをして、現在のマンションは賃貸に出せば、「家賃収入が家計の支えになる」という目論見もあったのです。しかし、このままでは、そのささやかな計画も変更せざるを得ないかもしれません。

吉田さんのケースは、特別なものではありません。今後は、都市部に持ち家（戸建て）を保有しているだけでも、相続税の課税対象となるケースが続出する見込みです。相続税はもはや一部の資産家だけが気にすればよいものではなく、ごく一般的な人たちにとっても無縁ではなくなっているのです。

東京都、神奈川県、千葉県、山梨県の1都3県を管轄する東京国税局管内で、平成22年に亡くなった人は23万1280人。このうち、相続税の申告が必要な人は約21%（税理士法人レガシィ調べ）でした。この割合が、税制改正後には約44・5%まで跳ね上がる見込みです。4割以上の人が相続税の申告が必要になるのです。

図表1：首都圏では4割以上で相続の申告が必要になる！

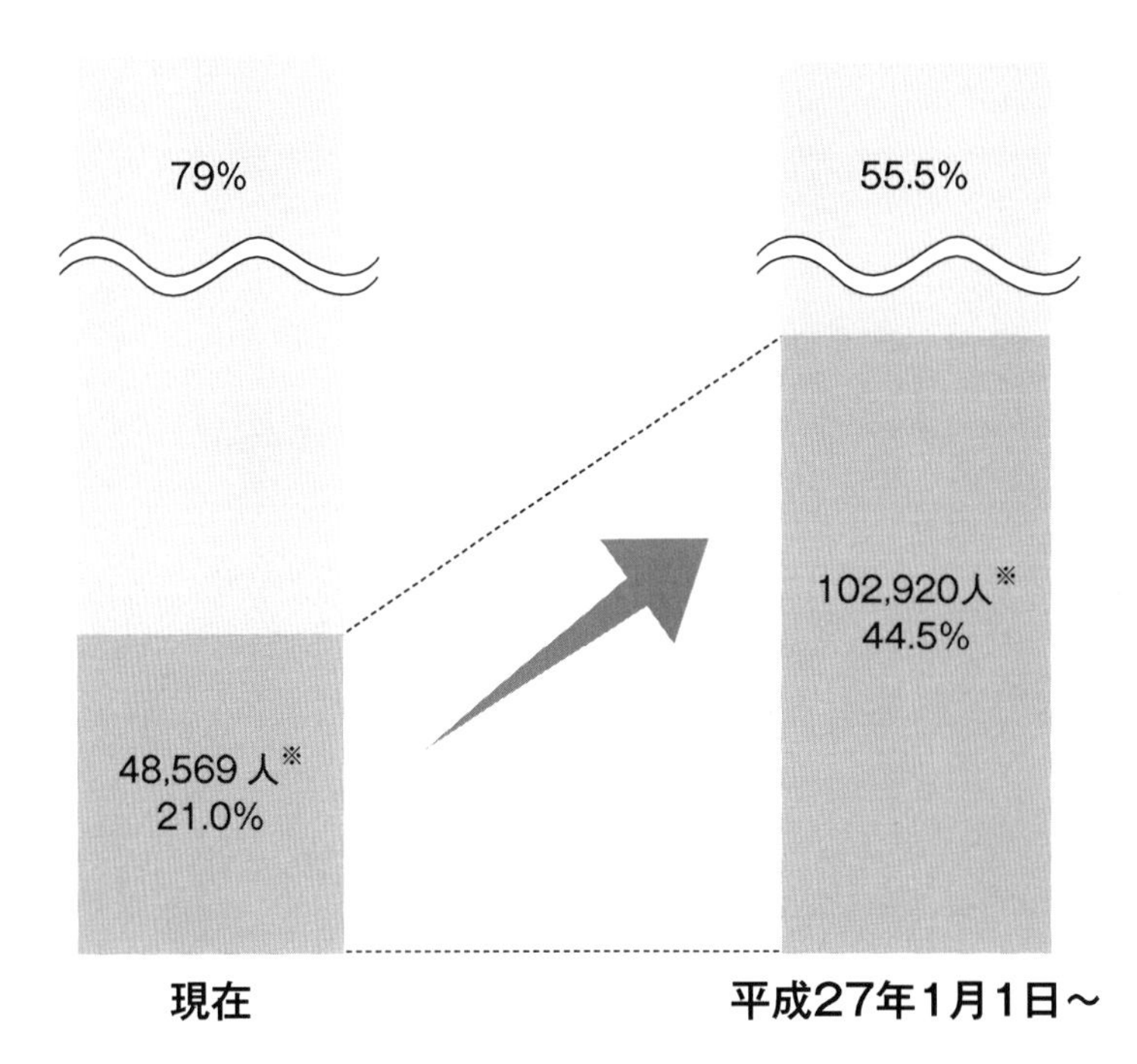

※税理士法人レガシィ調べ

これからは、多くの人が相続税対策を考えなければならないわけですが、今後、対策を考える上で、まず最初に確認しておかなければならないのは、課税強化がいつからスタートするのかということです。

今回の相続税の改正は、**平成27年1月1日以降に相続が発生（＝被相続人が死亡）した場合**に適用されます。つまり、平成26年までに亡くなった場合と、平成27年以降に亡くなった場合とでは、相続税が変わってくるということになります。

●——最も影響が大きいのは、基礎控除の引き下げ

では、何が変わったのか、具体的に見ていきましょう。

最も影響が大きいのは、相続税の**「基礎控除」**の引き下げです。相続が発生すると、どんな家庭でも、**「課税価格」**（課税の対象となる財産の評価額）から差し引くことができる金額があります。これが「基礎控除」です。不動産や金融資産を含めた相続資産総額がこの範囲内であれば、相続税は課税されません。その金額は、現在、1世帯当たり、5000万円＋法定相続人1人当たり1000万円です。

たとえば、父親が亡くなり、相続人は母親と子ども2人というケースで考えてみます。この場合、5000万円＋（1000万円×3人）＝8000万円となりますから、これが基礎控除の枠となります。結果、この家族の場合は、相続資産が8000万円までであれば、現在は相続税が発生しないということになります。

この基礎控除が、平成27年1月1日からは、すべて現行の6掛け（＝4割減）となります。1世帯当たり、**3000万円＋法定相続人1人当たり600万円**が新しい基

図表2：基礎控除の引き下げは、非課税の枠が4割減に

現在	4割減	平成27年～
5,000万円＋ 1,000万円 × 法定相続人の数		3,000万円＋ 600万円 × 法定相続人の数

法定相続人の数と基礎控除

法定相続人の数	1人	2人	3人	4人	5人
現在	6,000万円	7,000万円	8,000万円	9,000万円	1億円
平成27年～	3,600万円	4,200万円	4,800万円	5,400万円	6,000万円

法定相続人3人、相続資産8,000万円の場合
基礎控除　8,000万円 → 4,800万円（3,200万円に対して相続税がかかる）

礎控除の算定式です。相続人が母親と子どもも2人というケースでは、3000万円＋（600万円×3人）＝4800万円となり、この4800万円までが相続税が課税されないラインになります。

つまり、このケースの場合、改正によって一番大きな影響を受けるのは、相続資産が4800万〜8000万円の層ということになります。この層の人は、これまで相続税とは無縁だったわけですが、税制改正後は、相続税を納めなければならなくなります。

一方で、相続資産8000万円超のケースでは、どうでしょうか？　現在でも基礎

控除枠は超えているので、相続税は課税されます。その点では変化はありません。しかし、控除額が８０００万円から４８００万円に下がりますので、差額の３２００万円分については、新たに相続税が課税されることになります。その分が確実に増税となるのです。

基礎控除の引き下げには、さまざまな議論がありました。消費税の税率が平成26年4月に８％になり、さらに翌平成27年10月には10％に引き上げられます。これはみなさんもご存じだと思います。

消費税は、さまざまな商品やサービスを買うときにかかる税金ですから、その増税は、収入や資産の少ない人ほど影響が大きくなります。それであれば、収入や資産の多い人には、「相続税でそれなりの負担をしてもらおう」というのが、相続税増税の理由です。格差の是正をしようというのです。

もう1つの理由は、相続税の対象者の数です。現在は、日本全国を平均してみると、１００人亡くなれば、４人に相続税が課税されます。この人数は、いわゆる「バブル経済」の崩壊に伴う地価の下落の影響により、これまで年々減ってきました。そこで、対象者の人数をいったん元に戻そうという流れです。

この2つが基礎控除引き下げの背景です。あとで詳しく解説しますが、この基礎控除の引き下げは、首都圏ではとても多くの人が影響を受けることになります。それは土地の価格が高いからです。

●税率アップで富裕層の所得には56%の税金がかかる!

税率も上がります。相続税の計算方法は、第3章で詳しく説明しますが、税率はそれぞれの相続人が受け取った資産に応じて適用される仕組みになっています。母親と長男で受け取った資産額が異なれば、税率も異なります。

現在、受け取った資産が3億円を超える場合には、最高税率の50%が適用されます。平成27年1月1日からはこれに加えて、受け取った資産が6億円を超える場合には、55%が適用されることになります。つまり、相続で6億円を超える資産を受け取った場合に影響があるものですから、対象者はそれほど多くはありませんが、富裕層には、より厳しい増税となっているのです。

ちなみに、富裕層の課税強化は、所得税についても行われます。現在、個人の所得に対して課税される所得税と住民税の合計は、最高50％ですが、これが55％に引き上げられます。平成27年分の所得から適用されます。

この影響を受けるのは、**「課税所得」**が4000万円を超える人です。課税所得というのは、所得税の課税の対象となる個人所得のことです。

たとえば、給与収入であれば、給与から給与所得控除や社会保険料控除、扶養控除、基礎控除など、もろもろの控除を差し引いた金額のことです。年収にすると4600万円程度となります。これに当てはまる人は、所得税が5％増税になり、住民税との合計税率が55％となるのです。

増税の対象になる人のなかには「5％の増税は、まあ仕方ない。でも、所得にかかる税金が合計で55％というのは、どうなんだ」と感じている人は多いようです。稼いだ金額の半分以上が税金で徴収されるという点に、納得できない人が多いのでしょう。

「江戸時代の年貢だって、どんなに厳しくても五公五民までじゃないか」という声が

図表3：所得税、相続税の最高税率アップ

［所得税・住民税］

いつから	課税所得金額	最高税率		
		所得税	住民税	合計
現在	4,000万円超	40%	10%	50%
平成27年〜		45%	10%	55%

［相続税］

いつから	法定相続人の取得金額	最高税率
現在	3億円超	50%
平成27年〜	6億円超	55%

※　所得税には平成25年1月1日から25年間、復興特別所得税（2.1%）が課税されている。
55% → 55.945%

聞こえてくるわけです。

これに加えて、所得税には、平成25年から復興増税が始まっています。すでに、所得税に対して2・1%の**「復興特別所得税」**が加算されています。税率にすると0・945%（=所得税の最高税率45%×復興特別所得税2・1%）ですから、最高税率は55%ではなく、正確には55・945%となります。個人の所得には、最高で約56%の税金がかかることになります。

所得税の節税法として、法人化するという手段があります。法人化をすると、この約56%の税率は約39%まで下がります。その差は17%です。今後節税を考えるときに、この

17％の差が重要なテーマになってきます。

個人所得への増税に関しては、1人ひとりの税金はともかく、日本の行く末を心配する人も少なくありません。日本で稼ぐと税金が高いとなれば、優秀な人がいなくなってしまうのではないか、というのです。

●―自宅の土地にかかる相続税は減税

今回の改正には、減税もあります。1つは**「小規模宅地等の特例」**の拡充です。この特例は、自宅や商売用（事業用）の土地に重い相続税を課税してしまうと、遺族の生活が脅かされかねないということで、以前から設けられています。自宅用、商売用の土地は、相続税の課税価格が一定面積まで8割減になります。

小規模宅地等の特例が適用となる土地の面積は、現在、自宅の場合では240㎡まで、坪数にすると、約73坪までです。これが、平成27年1月1日からは、330㎡、約100坪まで広がります。大きな自宅を保有している人には、効果が大きい減税となります。

また、自宅用と商売用の両方の土地を所有している場合には、合計で730㎡まで8割減の特例が受けられるようになります。ただし、商売用でも賃貸マンションやアパートなど賃貸用の不動産の場合は、課税価格は従来通り5割減のままであり、限度面積の併用はできません。

二世帯住宅に関する減税もあります。快適な二世帯住宅とは、どのようなスタイルだと思いますか？　1階に両親世帯が住んで、2階が子ども世帯、そして、1階と2階は外階段でつながっている、これが理想だとされています。お互い過干渉にならずにすむからです。

この理想的な二世帯住宅に関しては、現在、通常、小規模宅地等の特例は適用されません。なぜなら、特例の適用を受けるためには、〝同居〟が条件になっているからです。税務署の言い分としては、1階と2階が完全に分かれ、外階段でしかつながっていないのであれば、「別々の家ではないか、〝同居〟とは言えないのではないか」ということなのです。

図表４：小規模宅地等の特例の適用が緩和された

		現　行	改正後	いつから
1	居住用の限度面積	240㎡（約73坪）	330㎡（約100坪）	平成27年～
2	居住用と事業用の併用 ※貸付用は除く	居住用と事業用限定併用	完全併用	平成27年～
3	二世帯住宅	建物内部で二世帯の居住スペースがつながっていないと適用なし	適用する	平成26年～
4	老人ホーム	老人ホームの終身利用権を取得しても空家になっていた家屋の敷地は適用なし	適用する	平成26年～

今回の改正では、このような二世帯住宅でも小規模宅地等の特例が適用され、８割減が認められるようになります。これは、他の改正項目よりは１年前倒しで、平成26年１月１日から適用されます。

最近は、介護が必要になり、仕方なく老人ホームなどに入居するケースも多くなりました。老人ホームには、終身利用権を取得するタイプも多くありますが、その場合、現在は、もともと居住していた住居の土地に小規模宅地等の特例は適用されません。８割減が受けられないのです。

これまた税務署の言い分は、「終身利用権を取得して入居したのであれば、そこが新しい〝自宅〟になったのだから、それまでの自宅は〝自宅〟でなくなった」というのです。

私は、これには大変に違和感がありました。誰しも、可能であれば、慣れ親しんだ我が家に戻りたいと考えるのが、人情というものではないでしょうか。

今回の改正では、この点についても見直され、終身利用権を取得しても、元の自宅について小規模宅地等の特例が適用され、課税価格の8割減が受けられるようになります。これも平成26年1月1日からです。

●──教育資金なら一括贈与しても1500万円まで非課税に

相続税が発生するのは、被相続人が亡くなった後の話ですが、生前に子どもや孫に財産を託す**「贈与」**についても、今回、制度の改正がありました。そのうち最も影響が大きいのは、**「教育資金の一括贈与の非課税」**というものです。

これは、祖父母・父母から子どもや孫に対して教育資金をまとめて贈与した場合に、

１５００万円までは非課税になるという制度です。子どもや孫１人当たり１５００万円ですから、２人なら３０００万円、３人なら４５００万円まで、無税で贈与することが可能になります。ただし、塾の費用など、学校以外の費用に関しては、５００万円までとなります。

贈与された資金は、贈与を受けた子どもや孫が30歳になるまでに使えば非課税です。ただし、ちゃんと教育資金に使われたかどうかは、金融機関がチェックすることになっています。そのため、この制度を利用するには、信託銀行、銀行、証券会社のいずれかに贈与を受ける子どもや孫の名義で口座を開設し、信託する形を取ります。

新たな非課税制度はどんな人に有効でしょうか？　というのも、教育資金の援助は現在も非課税なのです。たとえば、父親が子どもの教育費を支払うのは当たり前ですし、祖父が孫の進学の際、あるいは毎年孫を呼んで「今年分の教育資金に使いなさい」と言って渡すお金は、現在でも非課税です。

新たな非課税制度は、しばらく使う予定のない教育資金をまとめて贈与した場合も非課税になる、というのが特徴です。

教育資金の贈与というのは、古くから行われてきました。私は「名家の発想」と呼んでいます。テレビや雑誌などで「〇〇家に代々伝わる家訓」のようなものを見かけることがありますが、そうした名家の家訓によく出てくるものとして、「財産は残すな、教育を残せ」というものがあります。

現金を残せば、受け取った子どもの自立を妨げてしまうかもしれません。しっかり教育を受けられる環境こそ、最大の財産であるという考え方です。それを実現しやすくしてくれるのが、今回の非課税制度です。

たとえば、孫が10代、父親は40代、祖父が70代という家族構成で、70代の祖父が10代の孫に「教育費は心配いらないぞ」と言って、信託銀行に１５００万円を預けます。このようなケースでは、通常、贈与税が発生していましたが、新制度では、非課税になりました。

父親としても、孫の教育資金を祖父が負担してくれるとなれば、安心感は大きいでしょう。40代といえば、家のローンなど、子どもの教育以外にもいろいろお金のかかる世代ですから、教育資金の負担が軽減されれば、他のことに安心してお金を使えるようになります。これは、日本経済にとってもプラスとなるでしょう。

新たな非課税制度は、平成25年4月1日にスタートして、平成27年12月31日までに贈与された分に限定して適用されます。なお、贈与された教育資金のうち30歳までに使いきれなかった分は、その時点で口座が精算され、残った分には贈与税が課税されます。

さて、相続対策の専門家としては、ここで気になることがあります。1500万円の教育資金贈与を受け、まだ100万円しか使っていない時点で祖父が亡くなってしまったら、どうなるでしょうか？　残りの1400万円は相続財産に組み込まれるのでしょうか？　その点については、第6章で詳しく解説します。

●──贈与税の税率は引き下げ、しかし恩恵は限定的？

平成27年1月1日以降の贈与では、**図表5**の太枠線内の部分が減税になりました。

しかし、実際に**「暦年課税」**（毎年贈与税を確定させる申告方法）で贈与をしている

図表５：税制改正後の贈与税額

400万円以下の贈与が８割

贈与財産	現　在	平成27年1月1日～	
		一　般	父母・祖父母から20歳以上の子ども、孫へ
200万円	9万円	9万円	9万円
300万円	19万円	19万円	19万円
400万円	33.5万円	33.5万円	33.5万円
500万円	53万円	53万円	48.5万円(▲4.5万円)
600万円	82万円	82万円	68万円(▲14万円)
700万円	112万円	112万円	88万円(▲24万円)
1,000万円	231万円	231万円	177万円(▲54万円)
2,000万円	720万円	695万円(▲25万円)	585.5万円(▲134.5万円)
3,000万円	1,220万円	1,195万円(▲25万円)	1,035.5万円(▲184.5万円)
5,000万円	2,220万円	2,289.5万円(+69.5万円)	2,049.5万円(▲170.5万円)

人の82・31％が４００万円以下の贈与ですから、今回の贈与税の減税は、あまり恩恵がないということになります。

以上、平成25年度の相続税法の改正でポイントとなる点について、駆け足で紹介しました。

今回の改正では、相続税の対象者が一気に増える見込みです。相続対策においては、家族がもめないための〝争族〟対策が重要です。これは変わりません。加えて、今後は相続税についても、しっかりと対策を講じておく必要があります。

第2章　そのとき、誰がいくら受け取る？
——相続の基本ルールを知ろう

●配偶者はつねに相続人となる

相続では、亡くなって財産を残した人を**「被相続人」**、一方、その財産を受け取る人を**「相続人」**と呼びます。相続人になることができる人は、民法で詳細に定められています。相続は、まず相続人を確定するところから始まります。相続の手続きを進めるためには、相続人全員の同意が必要となるからです。

相続人になることができるのは、次のような立場の人です。

〈相続人になれる4つの立場〉

①被相続人の配偶者

②被相続人の子ども、孫——直系卑属（ちょっけいひぞく）といいます。

③被相続人の父母、祖父母——直系尊属（ちょっけいそんぞく）といいます。

④被相続人の兄弟姉妹、甥（おい）・姪（めい）——傍系血族（ぼうけいけつぞく）といいます。

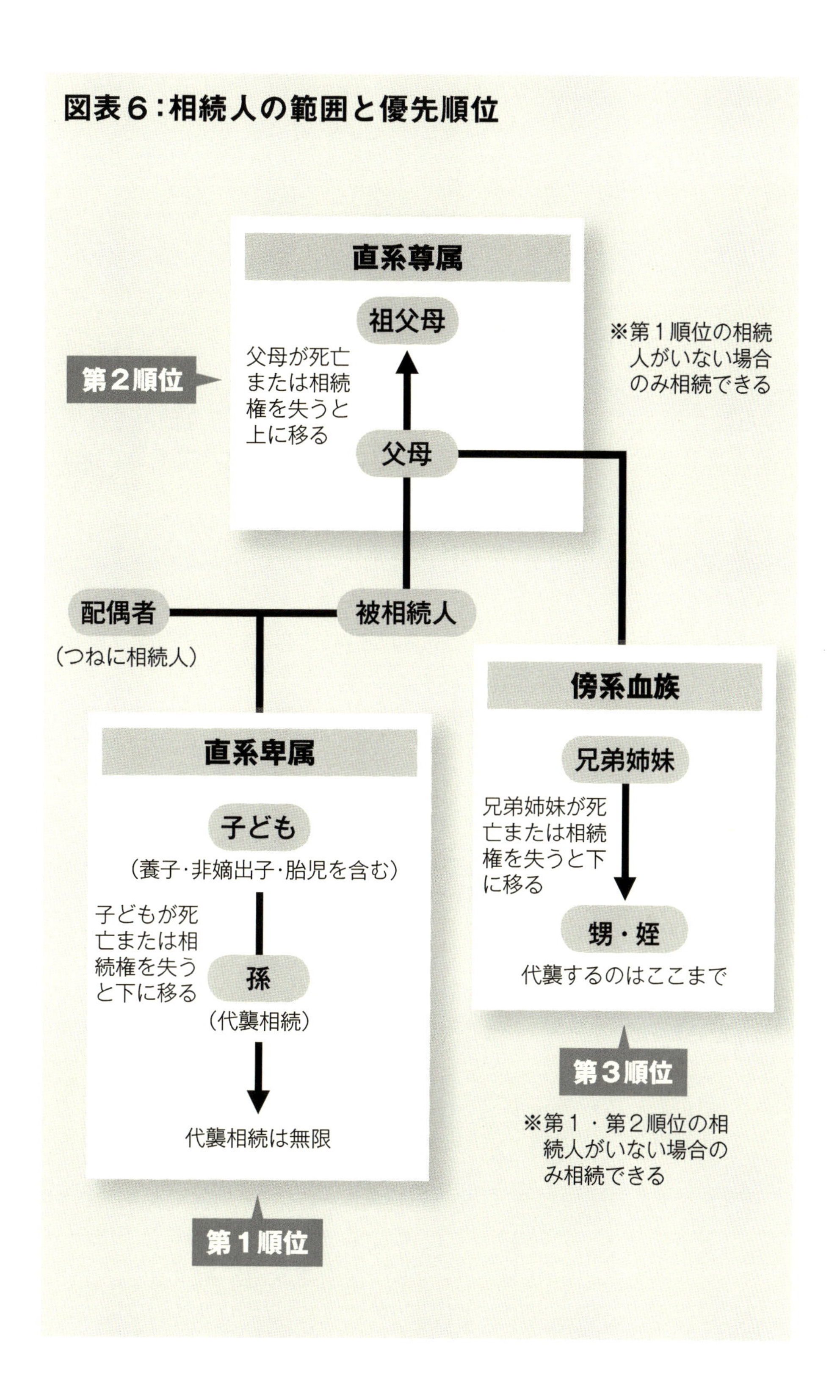
図表６：相続人の範囲と優先順位
直系尊属
祖父母
父母が死亡または相続権を失うと上に移る
父母
第２順位
※第１順位の相続人がいない場合のみ相続できる
配偶者
（つねに相続人）
被相続人
直系卑属
子ども
（養子・非嫡出子・胎児を含む）
子どもが死亡または相続権を失うと下に移る
孫
（代襲相続）
代襲相続は無限
第１順位
傍系血族
兄弟姉妹
兄弟姉妹が死亡または相続権を失うと下に移る
甥・姪
代襲するのはここまで
第３順位
※第１・第２順位の相続人がいない場合のみ相続できる

簡単に言えば、被相続人の家族や身内が相続人になる資格があるということになります。ちなみに、血縁関係で自分より上の世代を**「尊属」**、下の世代を**「卑属」**といいます。

しかし、②~④の人は、つねに相続人になるわけではありません。相続人には、相続できる順位が決まっています。**図表6**のように、第1順位から第3順位まであり、家族構成によって、どこまでが相続人になるかが変わってきます。

第1順位は、直系卑属である子どもです。子どもが亡くなっていたり相続権を失っている場合には、孫が相続人になります。孫が亡くなっていたり相続権を失っている場合には、ひ孫がいれば、ひ孫に相続権が移ります。

第1順位の相続人が1人もいない場合には、第2順位の相続人に権利が移ります。第2順位では、被相続人の直系尊属である父母が相続人になります。父母がともに亡くなっていたり相続権を失っている場合は、祖父母が健在であれば、祖父母が相続人になります。

第1順位、第2順位の相続人がともにいない場合には、第3順位の相続人に権利が移ります。第3順位は、被相続人の兄弟姉妹です。兄弟姉妹が亡くなっていたり相続権を失っている場合には、甥や姪が相続人になります。

ただし、第1～第3順位の相続人がいても、配偶者はつねに相続人となります。他の相続人がいてもいなくても関係ありません。また、被相続人との血のつながりがなく相続人になれるのも、配偶者だけです。

親に再婚相手、愛人、隠し子がいたらどうなる？

「被相続人に愛人や隠し子がいるなんて、ドラマや小説のなかの話。一般にはそれほど多くないんじゃないの？」と思うかもしれません。しかし、税理士として、相続税の申告をお手伝いしていると、被相続人が亡くなった後に、愛人や隠し子の存在が発覚することは決して珍しくないのです。

私たち税理士には守秘義務がありますから、もちろん口外しませんし、当事者にしても、他人に話すような内容ではありません。みんなが黙っているので、なかなか表に出てこないだけなのです。

生前に自ら進んで**「遺言」**を書こうと思う人は、少ないのですが、そうは言っても、私の事務所にもときどき、遺言の相談に来られる方がいます。そんなときは、さまざまな背景があることが多いものです。認知した子どもがいるので、相続が発生すればもめるかもしれない。それを防ぐために遺言を残しておきたい、そんな相談も実は多いのです。

では、父親に隠し子がいた場合、相続人はどうなるでしょうか？

愛人の子どものことを、法律上は**「非摘出子（ひちゃくしゅつし）」**と呼びます。これに対して、本妻の子どもは**「摘出子」**です。非摘出子の場合、父親とは血がつながっているわけですが、それだけでは相続権は発生しません。父親が**「認知」**していたかどうかが問題となるのです。認知をしていれば相続権がありますし、認知をしていなければ、相続権はありません。ですから、相続においては、認知した子どもがいるかどうかが問題になります。

●——戸籍をさかのぼれば、非摘出子は判明する

相続が発生した時点で、被相続人に認知した子どもがいることを家族が知っているケースもあれば、知らないケースもあります。認知した子どもの存在を家族が知らなければ、そのまま相続の手続きが終わってしまうこともあるのではないか、あるいは、認知した子どもの存在を知っていても、こっそり、相続を終わらせることができるのではないか、と考える人もいるかもしれません。しかし、それは不可能です。

相続税の申告は、非常に複雑な面がありますから、税理士が関与するのが普通です。また、相続人の間で**「遺産分割協議」**がまとまれば、財産の名義を相続人に移転するために、登記を行いますが、その際には**「相続関係図」**を作らなければなりません。

財産の名義変更後に新たな相続人が現れて、トラブルが起きないように、登記の手続きをする法務局や資産を預かっている金融機関は、原則、相続関係図がなければ、資産の移転を認めてくれないのです。

相続関係図を作成するためには、戸籍謄本を最新のものから過去のものへ、順番にさかのぼっていきます。認知した子どもがいる場合には、戸籍を何回か新しくしていることがあります。誰かが現在の戸籍謄本を取っても、隠し子の存在に気づかないようにするためです。

ですから、最新の戸籍謄本を見ただけでは、認知した子どもがいるかどうか分かりません。そのため、順番にさかのぼって確認し、その上で相続関係図を作成します。

私どもの税理士法人で扱ったケースで、依頼者のお兄さんに相続が発生した際、戸籍を調べたところ、意外な事実が分かった事例がありました。すでに亡くなっているお祖母さまが、戸籍上は生存していたのです。生存していれば、１４０歳になっているはずでした。

そのときは、半年間官報公示して、誰も異議を唱える人がいないのを確認し、ようやく、亡くなったという手続きができたのです。亡くなったお兄さんには、子どもがいなかったので、お祖母さまが生存していれば相続権が発生します。このように、相続関係図を作っていくなかで、それまで知らなかった事実に気づくこともあるのです。

●──親が再婚すれば、財産の半分は新しい妻に

妻に先立たれた父親が年老いてから急に再婚することもあります。再婚相手は、ずいぶん歳が離れていることも少なくありません。子どもにしてみれば、「いまさらなぜ?」という気もするでしょう。それでも、先の長くない父親から「再婚したい」と相談されれば、表立っては反対しにくいものです。

父親が再婚すれば、配偶者としての権利は、すべて新しい妻に移ります。相続が発生すれば相続人になり、相続財産の半分を受け取る権利が発生します。亡くなった先妻が30~40年間、父親を支えてきたとしても、相続においては何の権利もありません。子どもの立場からすれば、せめて婚姻期間で按分(あんぶん)し、亡くなった母親(先妻)と新しい妻で分けるべきではないかと思うでしょうが、現実は異なります。

再婚相手が財産目当てかどうか? 実際、若い後妻を迎えたというケースをいくつも見てきましたが、そのうちの8~9割は財産目当て、そうでなくても結婚する際に、

財産のことは意識していたはずです。ですから、被相続人が亡くなったときに、相続を放棄することなどめったにありません。父親が再婚したときには、父親の今後の生活が幸せなものになることを祈りつつも、そういうことは覚悟しておいたほうがいいでしょう。

●相続人の財産配分はどうなる？

では、相続人が受け取る財産の額は、どうやって決めるのでしょうか。

民法では、相続人の財産の受取り分を決めています。これが決まっていないと争いが起きるので、それを防止するためです。民法で定められた受取り分を**「法定相続分」**といいます。法定相続分は、相続人の構成や人数によって変わってきます。

たとえば、相続人が被相続人の配偶者と子どもという組み合せの場合、受取り分は、配偶者が2分の1、子どもが2分の1とされています。子どもがなく、相続人が配偶者と被相続人の父母など直系尊属との組み合せの場合は、配偶者が3分の2、直系尊属が3分の1となります。また、配偶者と被相続人の兄弟姉妹など傍系血族との組み合せの場合には、配偶者が4分の3、傍系血族が4分の1となります。

このように、相続人の順位によって、配偶者の相続分が変わってくるのは、相続による財産取得の可能性がもともと極めて低い血族にまで、相続で多くを渡す必要がないという考え方が背景にあるからです。

それでは、個別の例で見ていきましょう。

父親が被相続人で、相続人が妻と子ども2人の場合、それぞれの受取り分は、妻が2分の1、子どもが4分の1ずつとなります。相続人が配偶者と子どもの場合には、つねに2分の1が配偶者の法定相続分となります。子どもたちは残りの2分の1を頭数で分けます。

子どもが2人であれば、子ども同士は平等ですから4分の1ずつ、子どもが3人であれば6分の1ずつとなります。3人の子どものうち、1人がすでに亡くなっており、孫がいる場合には、亡くなった子どもの分を孫が相続します。これを**「代襲相続」**といいます。

では、非摘出子である愛人の子どもが認知されていた場合、受取り分はどうなるでしょうか。正妻の子どもと同等になるでしょうか？　現在は、非摘出子の法定相続分は、正妻の子ども、つまり摘出子の2分の1となっています。

たとえば、父親が被相続人で相続人が妻と子ども2人、さらに非摘出子が1人のケースでは、どうでしょう。この場合、妻は2分の1、残りの2分の1を摘出子2人と非摘出子1人で分けます。それぞれの受取り分は、摘出子がそれぞれ5分の1ずつ、非摘出子はその半分の10分の1となります。

非摘出子が摘出子の半分という配分が、多いか少ないかというのは、議論が分かれるところでしょう。立場によっても見方は異なります。摘出子から見れば、「愛人の子どもになんか、俺たちの半分でも渡したくない」という感情があるかもしれません。一方で、非摘出子の立場から言えば、子どもには変わりないのだから、「摘出子と同等であるべきだ」と思うかもしれません。

この問題については、まさにいま、最高裁判所でも議論が行われています。民法では「非摘出子の相続分は、摘出子の相続分の2分の1とする」と規定されていますが、

図表7：誰がどれだけ遺産を受け継ぐ？（カッコ内は遺留分）

●子どもがいる場合

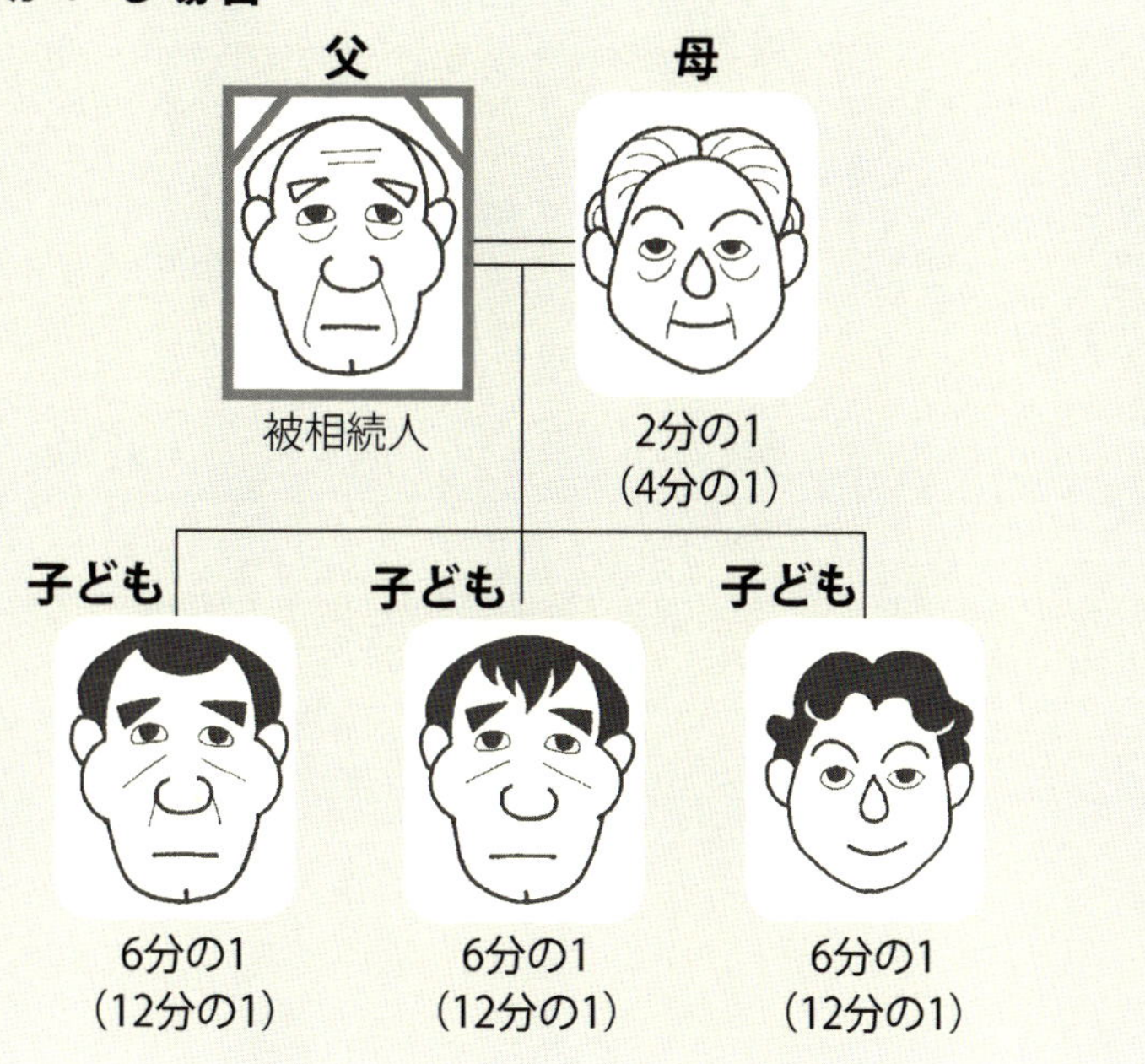

●子どもがおらず、両親が健在の場合

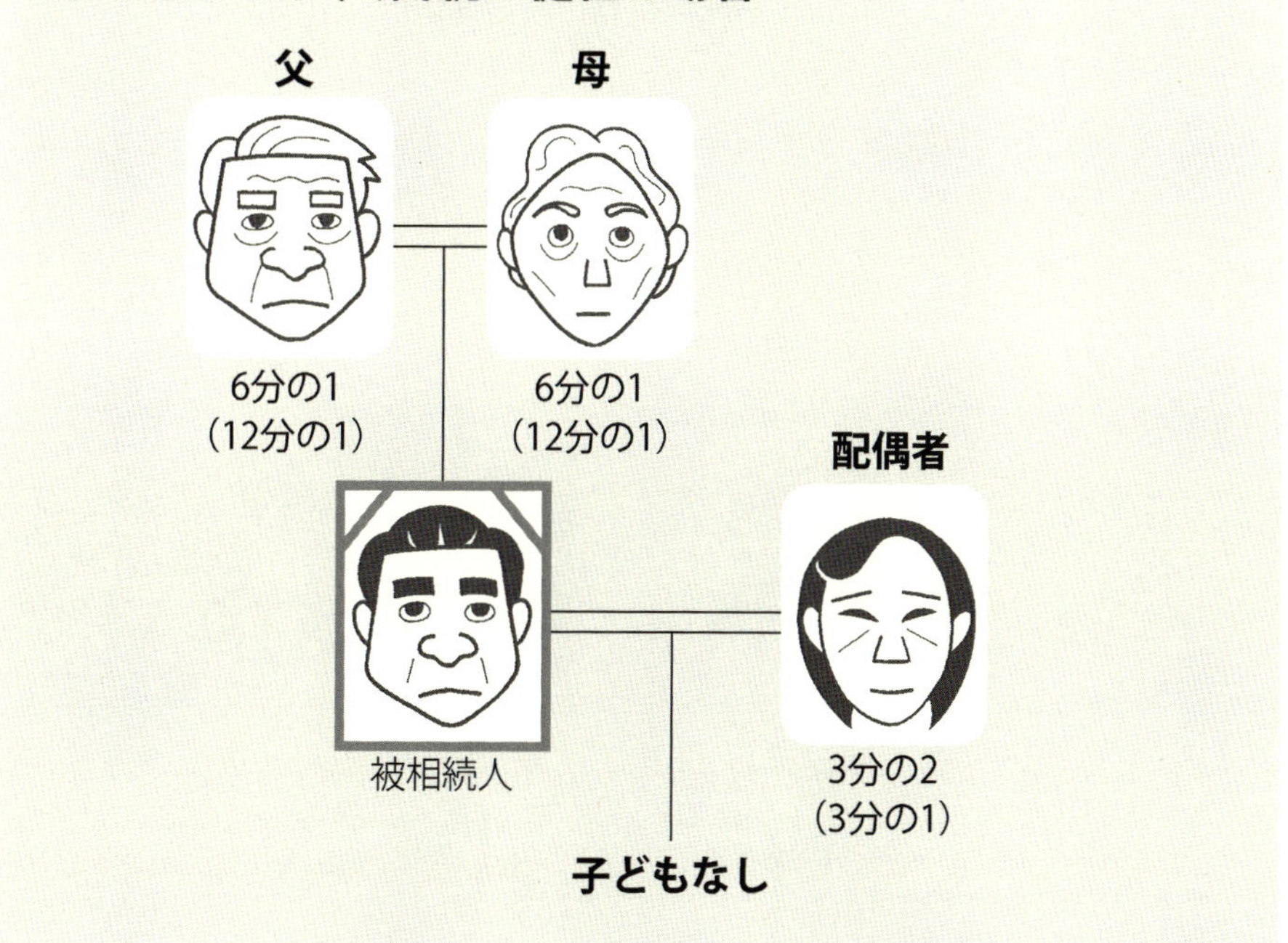

●子どもがおらず、両親が亡くなっている場合

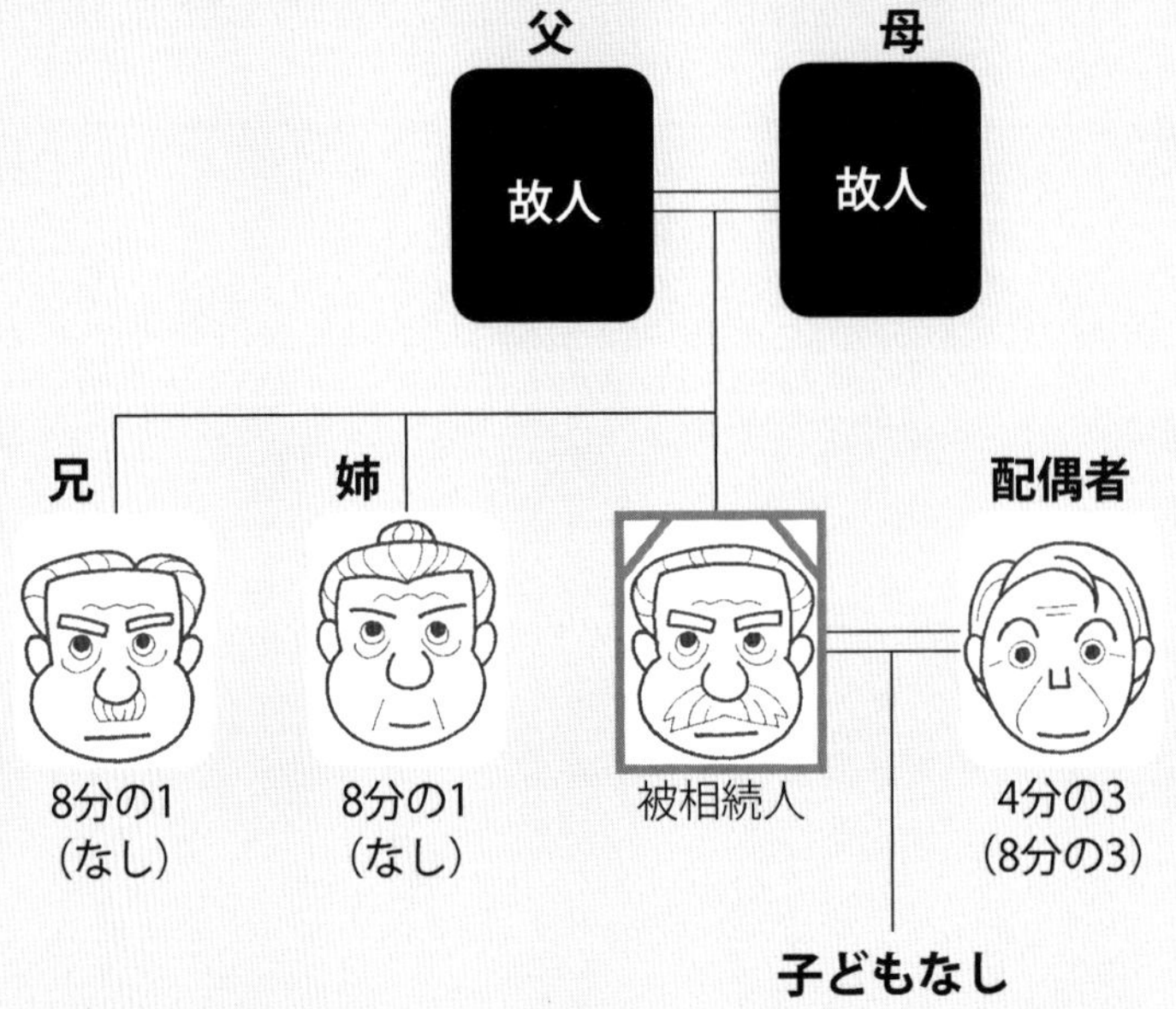

父
故人

母
故人

兄
8分の1
（なし）

姉
8分の1
（なし）

被相続人

配偶者
4分の3
（8分の3）

子どもなし

●愛人の子どもがいる場合

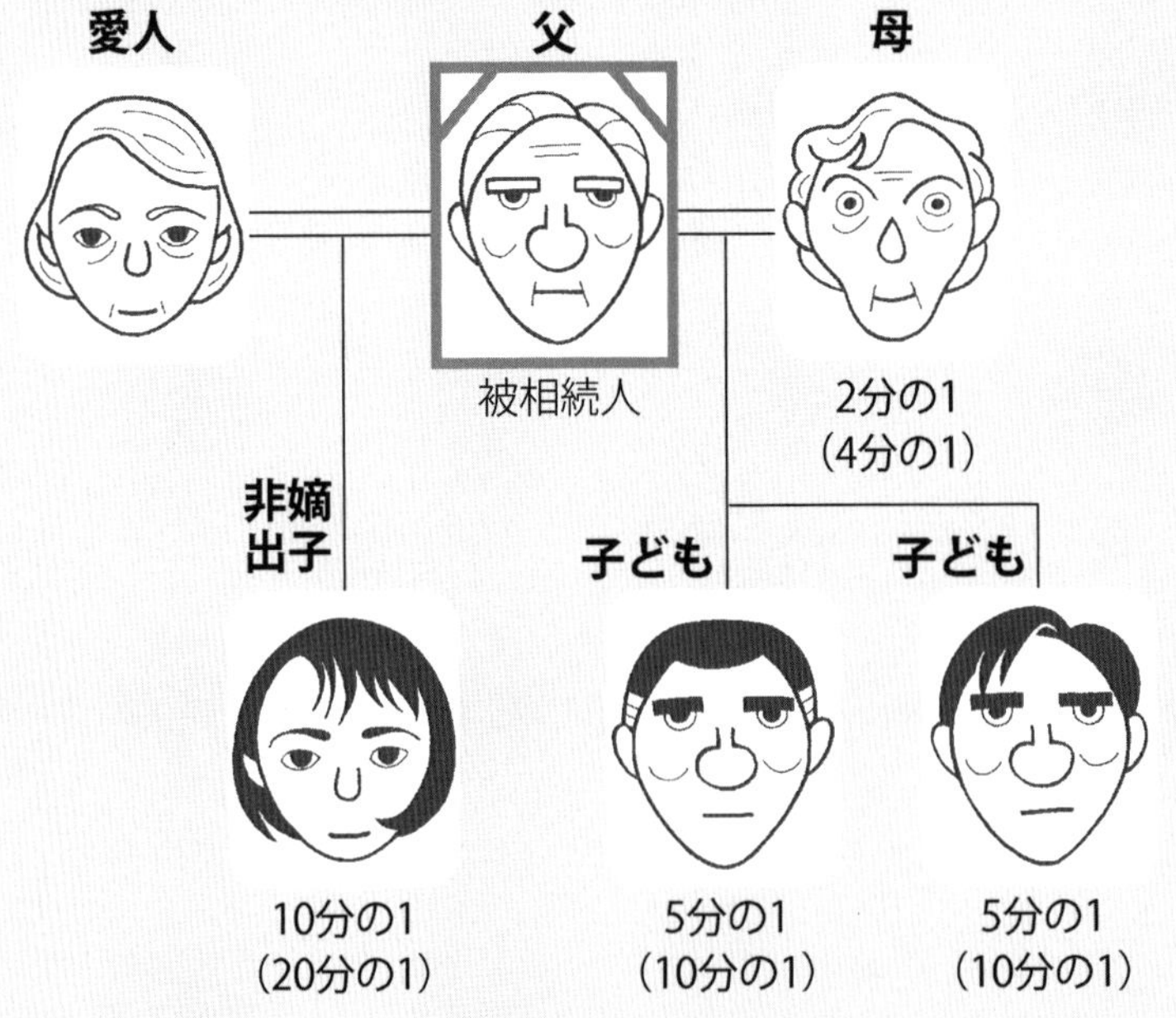

愛人

父
被相続人

母
2分の1
（4分の1）

非嫡出子
10分の1
（20分の1）

子ども
5分の1
（10分の1）

子ども
5分の1
（10分の1）

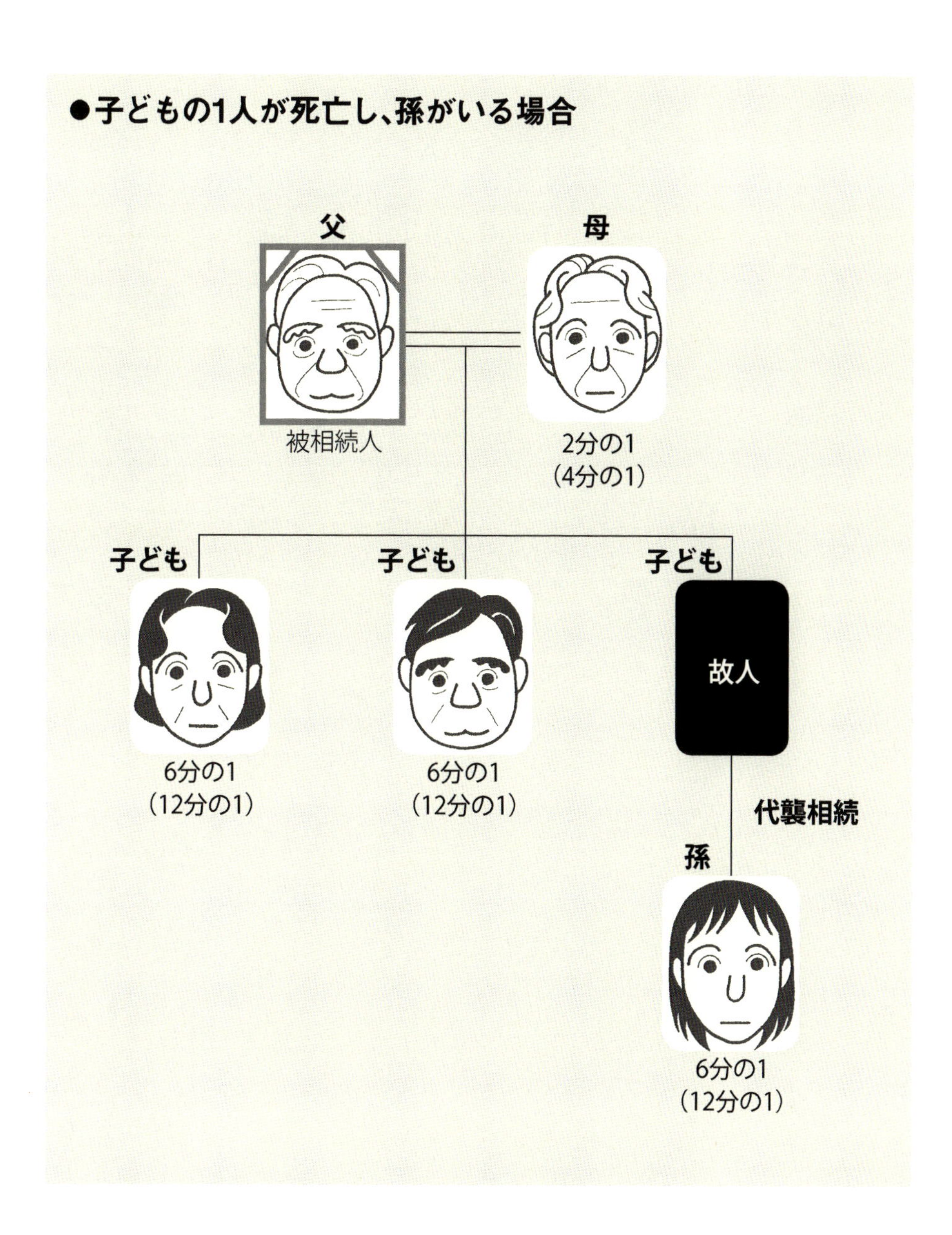
●子どもの1人が死亡し、孫がいる場合
父
母
被相続人
2分の1
(4分の1)
子ども
子ども
子ども
故人
6分の1
(12分の1)
6分の1
(12分の1)
代襲相続
孫
6分の1
(12分の1)

これは「法の下の平等を定めた憲法に違反する」として争われているのです。
最高裁は、この問題を大法廷に回付しました。大法廷は、憲法判断や判例変更などを行う場合などに開かれるもので、裁判官全員で議論が行われます。結果によっては、非摘出子の相続分について、判断が変わる可能性が出てきています。

●──遺言で決められるのが指定相続分

法定相続分は民法が定めた財産の受取り分ですが、もう1つ、**「指定相続分」**という決め方があります。これは、被相続人が自分の意志で相続分を決める方法です。その意志を伝えるための手段が遺言です。

たとえば、長女が親と同居している場合、「この子には最後まで面倒をみてもらうから、他の子どもたちよりも多めに財産を残したい」と親が思うのは、自然なことです。相続財産というのは、そもそも被相続人が築いたものですから、それを誰に残すのか、どう処分するのかは、本人の自由というわけです。

図表８：遺産分割における相続分の決定法

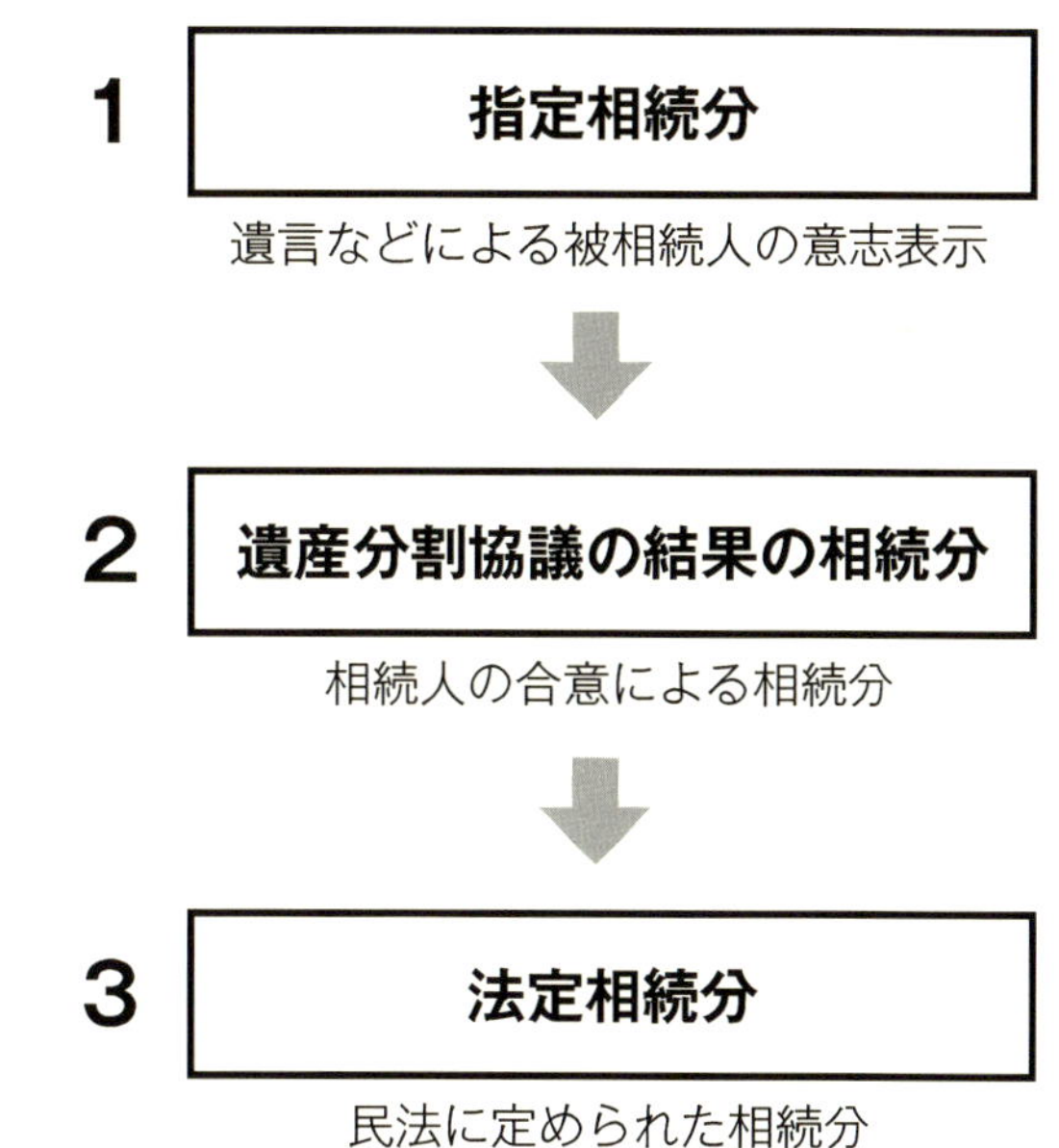

指定相続分は、法定相続分よりも優先されます。遺言があり、その内容が法定相続分と異なる場合には、遺言の内容に沿って財産の受取り分を決めることになります。

また、遺言がない場合には、法定相続分が基本となるわけですが、必ずしも法定相続分通りに分ける必要はありません。遺言がない場合は、相続人が遺産分割協議を行って決めます。全員が合意すれば、法定相続分以外の配分でも構わないのです。だからこそ、遺産分割でもめるのです。

その点、遺言で遺産分割が決められ

ていれば、基本的にその通りに分割が行われます。遺産分割協議も必要ありません。ですから、遺言があれば、相続が〝争続〟を生むことを防げると言われるのです。

また、一部の相続人のみの指定が行われた場合には、他の相続人は、残りの財産を法定相続分によって分けることになります。

遺言では、相続人以外にも財産を残すことができます。遺言によって、特定の人に財産を残すことを**「遺贈」**といいます。遺贈には、**「包括遺贈」**と**「特定遺贈」**があります。

包括遺贈は、遺贈する財産の割合を指定する方法です。「全財産の3分の1を遺贈する」という具合に指定します。特定遺贈は、渡す財産を指定する方法です。「○○の土地・建物を遺贈する」などとします。

ただし、相続人には、民法で保障された最低限の財産受取り分があります。これを**「遺留分」**といいます。遺留分は、原則として法定相続分の2分の1です。遺言であってもこれを侵すことはできません。たとえば、「全財産を長男に与える」という遺言があったとしても、他の兄弟の遺留分は守られるのです。

仮に遺留分を侵害された場合には、他の相続人に不足分を請求することができます。これを**「遺留分減殺請求」**（げんさいせいきゅう）といいます。

遺留分の侵害は、遺言によって行われるわけですが、その遺言は被相続人が自分の意思で書いたものか、疑問が残るケースも少なくありません。親の意思であれば仕方がないと考える人も多いのですが、もし特定の相続人に書かされたということになれば、遺留分を侵害された相続人は、腹が立つわけです。

われわれ専門家の立場で見ても、「本当に被相続人が書いたのか？」と、首をかしげる場合も多くあります。被相続人の頭がしっかりしているうちに遺言を書いたのであれば、相続財産を少なくした子どもには、何らかの配慮があるものです。なぜ、少なくしたのか、その理由を手紙や遺言書の**「付言事項」**に残すでしょう。

遺留分を侵害されても、減殺請求を行わなければ、指定相続分のままとなります。実際には、さまざまな理由で減殺請求を行わないケースもあります。たとえば、相続財産をあてにしなくても社会的に十分成功しており、もめごとに関わりたくないという人もいます。

こんなケースがありました。

相続人は小説家で、「私は小説を書いている時間が一番好きだ」とおっしゃっていました。だから、煩わしいのは嫌だというのです。「一番、小説を書く時間を確保できる方法はなんですか?」と聞かれましたので、私は「残念ながら、遺言のままにすることです」と申し上げました。その方は「分かりました」と、減殺請求をしませんでした。

その後、この方の作品は大変評価が高くなり、本もたくさん売れました。私は、きっと被相続人が天国で応援してくれたのだろうと信じています。

もちろん私は、「減殺請求は何かと面倒だからおやめなさい」とお勧めしているわけではありません。相続人の正当な権利ですから、堂々と主張されて構わないのです。ただ、遺留分を取り戻すために費やさなければいけない時間や手間と、そこから得るメリットを比較して、デメリットのほうが多ければ、減殺請求をしないという選択肢もあるということです。

●──介護で親の面倒をみれば相続分は増える?

法定相続分では、子どもの相続分は均等ですが、被相続人の事業などを手伝って、被相続人の財産の維持や増加に貢献したと認められる相続人は、その寄与した分の財産を法定相続分にプラスして受け取ることができます。これを**「寄与分」**といいます。

ただ、寄与分は、そう簡単に認められるものではありません。たとえば、子どもが介護の必要な親の面倒をみるケースが多くなっていますが、介護をしても寄与分が認められるケースは多くありません。民法には親族間の扶養義務の定めがあり、子どもが親の面倒をみるのは当然だという考え方があるからです。

また、たとえ、寄与分が認められるケースでも、寄与分は相続人以外には認められません。長男の嫁が義父の介護を献身的に行ったとしても、寄与分は認められないのです。

寄与分が認められないとしても、長男が同居で、その妻が義両親の面倒をみている場合には、長男が財産を多めに受け取るという習慣は、いまでも根強く残っています。

長男以外の相続人も理解しているのです。なぜなら、民法で**「均分相続」**となったのは戦後だからです。

これから親の相続を迎える人は、現在、50〜60代の人が中心です。その世代であれば、戦前育ちの親に「家は長男が継ぐもの」という**「家督相続」**の考え方を教え込まれてきましたから、「長男が多く相続するのは仕方ない」という意識があります。それは理解しているのですが、「では、どのくらい渡すのか」という点は気にしています。それがトラブルの元になることも多いのです。

長男自身は、それほど強く考えていない場合でも、義両親の介護をした妻の苦労を思うと、長男が主張したくなる場合が多くあります。長男と長女の相続争いは、実は、長男の嫁と長女の戦いであるというのは、よくある話です。

一方で、これから20年後、現在の30〜40代が相続をするころには、「兄弟は均分である」という意識が強くなっている可能性があります。長男が同居していて親の面倒をみていたとしても、それはそれとして、相続の際には「均分にしろ」と主張する人が多くなるかもしれません。そもそも同居という形態が減りますので、均分が常識になるでしょう。

あなたがもし、同居長男の立場であれば、折を見て、他の兄弟がどう考えているのかを、ある程度探っておいたほうがいいでしょう。

ただ、面と向かって「相続の取り分をどう考えている?」などと聞いてしまえば、もめ事の元ですから、近所のネタを振ってみるのがよいと思います。

たとえば「Aさんの家では、こんなことがあったんだってさ、どう思う?」という感じで話を切り出してみます。

もし、親の介護が必要になったときには、その時点でしっかりと話し合うことも重要です。親の面倒をみる責務は兄弟全員にあること、親の財産を引き継ぐ権利も全員にあること、権利と責務はセットであることを確認して、では、親の介護をどうするか、ということを話し合います。

同居の苦労を知らない兄弟の場合、「責務は同居長男、権利はみんなのもの」となりがちですから、気をつけたほうがいいでしょう。

●――親の財産をきちんと把握するにはどうすればいい？

子どもといえども、親の財産を正確に把握しているとは限りません。むしろ、そんなケースは少ないでしょう。土地・建物などの目に見える財産は、ある程度分かりますが、預金などの金融資産は、把握が難しいものです。

一般的には、親が預金残高を子どもに告げるのは、自分がボケる寸前というケースが多いようです。子どもが1人ではない場合は、なおさらです。全員の前で言うならともかく、1人だけに告げればトラブルになる可能性がありますから、親も躊躇するのです。

とはいえ、親の財産をある程度把握しておかなければ、後々面倒なことになります。相続の手続きがすべて終わって、ほっとしているときに「新たな相続財産が見つかった」ということも珍しくありません。そうなれば、遺産分割、相続税の申告のやり直しになってしまいます。

後から見つかる財産で多いのは、金融資産です。これは、存在に気づいていなかったという場合もありますし、同居長男が黙っていたなど、特定の相続人が隠していたというケースもあります。

存在に気づきにくい金融資産としては、海外のものが多くあります。たとえば、タイや中国などの新興国に投資した株式がすごい価値になっていたことに、後で気づいたりするのです。

相続の手続きの際には、預金の出入りなどもチェックしますから、大きな資金が動いていれば気がつくのですが、それほど大きくない場合には、気づかないこともあります。それが、大きく値上がりし、気づいたときには、何億円にもなっていたというケースが実際にあるのです。

新たに見つかった財産は、相続人で分けることになりますが、すべての財産の遺産分割をやり直す必要はありません。新たに見つかったものだけを分割します。

申告後に新たな財産が見つかった場合、**「修正申告書」**を提出し、相続税申告をやり直すことになります。ただし、これには**「更正期限」**と呼ばれる時効もあります。

そのときに問題となるのは、この申告漏れが善意なのか悪意なのかということです。

本当に気づかずにいた申告漏れの場合、更正期限は5年ですが、意図的な財産隠しと認定された場合の更正期限は7年となります。

また、申告漏れに対しては「**過少申告加算税**」が、意図的で悪質と見なされた場合には「**重加算税**」が課されます。さらに脱税額が多額なケースでは、刑事告発され、訴訟を経て有罪が確定すれば、これに加えて懲役・罰金などの刑事罰が科される場合もありますので、くれぐれも注意が必要です。

このような事態を避けるためには、生前に親の財産を把握しておくことが大事なのですが、それにはどうすればいいのでしょうか。

私は、両親に取材することを勧めています。

何を取材するのか？　それは、本人が何を心配しているのか、これから何をしたいと思っているのか、それを聞いていくのです。自分の心配事やこれからやりたいことであれば、親も積極的に話をしてくれるはずです。その過程で親の財産の中身がなんとなく分かっていくものです。

●──親の借金や保証人には注意したほうがいい？

相続では、プラスの財産もマイナスの財産も受け継ぎます。借金や保証債務があれば、原則、相続人が引き継いで、返済を続けることになります。もし、相続財産よりも債務のほうが多ければ、**「相続放棄」**をする方法もあります。財産を受け取らない代わりに、借金も受け継がないという方法です。

プラスの財産の範囲内で借金を支払うことを前提に相続をする方法もあります。これを**「限定承認」**といいます。債務がある可能性が高いが、どのくらいあるのか分からないという場合に、有効な方法です。相続放棄や限定承認を選択する場合には、相続が発生した事実を知ってから、原則として3カ月以内に家庭裁判所で手続きをしなければなりません。

被相続人に債務があるかどうか分からず心配な場合は、前記の3カ月以内に家庭裁判所で手続きをして、3カ月の期間を6カ月や1年に延長してもらうこともできます。延長した期間内に借金の督促が来なければ、相続しても大丈夫です。

第3章　あなたは相続税の対象か？——ざっと計算してみよう

●──10人に4人以上が相続税申告の対象になる

東京都、神奈川県、千葉県、山梨県の1都3県の徴税は、東京国税局の管轄になっています。この東京国税局の管内で平成22年に亡くなった人は、23万1280人です。そのなかで、相続税の納税をした人は1万6147人で、全体の約7%に相当します。さらに、相続税の申告をして相続税がゼロになった人は、推計3万2125人で、約14%。合せると、全体の約2割の人が相続税の申告をしていることになります。

申告をして相続税がゼロというのは、どういうことでしょうか? 相続の際には、配偶者が相続財産の2分の1（=法定相続分）、または1億6000万円まで相続しても相続税がかからない**「配偶者の税額軽減」**という制度があります。また、自宅用の土地などの評価を大幅に引き下げてくれる「小規模宅地等の特例」もあります。

しかし、これらはだまっていても適用されるわけではありません。このような制度を利用する場合には、相続税の申告をする必要があるのです。

図表９：相続税の対象者はどこまで広がる？
〈基礎控除の縮小による首都圏での影響〉

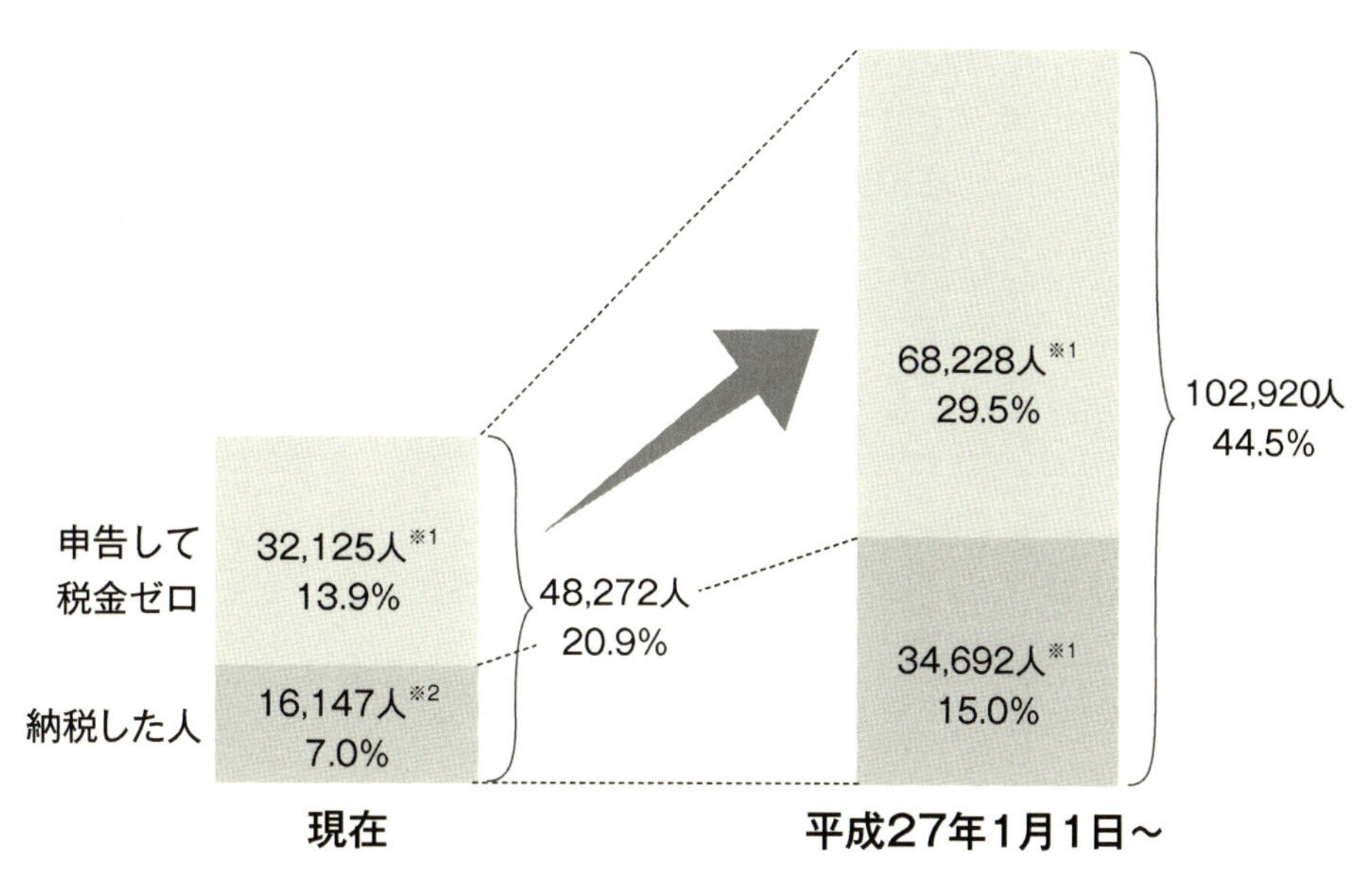

※１　税理士法人レガシィ調べ
※２　東京国税局公表資料より

さて、右記の相続税申告者数は、相続税が改正される平成27年以降はどうなるでしょうか。シミュレーションをしてみると、相続税を納税する人は、３万４６９２人（15％）になることが予測されます。また、申告をして相続税がゼロになる人は、６万８２２８人（29・５％）に達する見込みです。

現在は、10人亡くなると２人しか相続税の申告を行っていませんが、改正後はこれが倍増し、10人のうち４人以上が相続税の申告を行うことになりそうです。

●――相続税の対象者と額はどれくらい増えるのか

では、今回の相続税法の改正によって、相続税の対象者はどのくらい増えるのでしょうか。実際に計算してみました。税法改正後は、都市部に持ち家（戸建て）を所有しているだけで相続税の対象になると言われています。実際にはどうでしょうか。

平成25年3月21日に公表された公示地価データを使って、相続税法の改正前と改正後で税額がどう変わるのかを検証したものが、**図表10**です。その結果、やはり東京都内に一般的な戸建て（土地200㎡＝約60坪）を所有している場合、平成27年以降は、相続税の対象になる可能性が高いことが分かりました。調布市や町田市など、これまで対象外だった市部までも、新たに相続税の課税対象となりそうです。

これは2次相続のシミュレーションです。実際の相続では、1次相続→2次相続となっていきます。**「1次相続」**とは、両親のうちどちらかが最初に亡くなって発生する相続、**「2次相続」**は、残った親が亡くなって発生する相続のことです。多くの場

図表10：都内に自宅を所有していると相続税はどうなる？

住宅地住所	公示地価	改正前相続税 平成26年まで	改正後相続税 平成27年から
千代田区六番町6-1	278万円	1億2,792万円	1億4,076万円
港区高輪1-9-5	109万円	2,632万円	3,472万円
渋谷区大山町34-9	97万円	2,056万円	2,896万円
文京区白山4-28-18	67万3,000円	953万6,000円	1,513万6,000円
大田区田園調布4-28-23	60万7,000円	758万2,000円	1,304万2,000円
杉並区高井戸東3-2-8	44万5,000円	368万円	788万円
北区西が丘1-20-2	38万1,000円	214万4,000円	634万4,000円
江東区南砂2-16-6	32万6,000円	121万6,000円	502万4,000円
世田谷区喜多見4-3-13	27万8,000円	44万8,000円	387万2,000円
調布市深大寺東町6-29-19	23万9,000円	0	293万6,000円
練馬区大泉学園町6-13-24	23万8,000円	0	291万2,000円
葛飾区水元3-10-13	21万6,000円	0	238万4,000円
町田市木曽西1-20-5	14万9,000円	0	118万4,000円

＜前提条件＞
- 200㎡（約60坪）の家を持っているケースで計算。
- 路線価は公示地価（円/㎡）の８割で計算。
- 金融資産は総務省家計調査「70歳以上２人以上世帯」の平均金額を参考に2,200万円とした。
- その他、資産、債務は税理士法人レガシィの経験上の低めの概算数字を利用し、それぞれ1,000万円、▲200万円とした。
- 相続人は子ども2人。それぞれ自分の家があると仮定。（総務省家計調査によると、50代２人以上世帯の持ち家率は83.9%）
- ２次相続で考える。子どもは家があるので小規模宅地等の特例は使えないと仮定。

合は、父親が先に亡くなりますので、それを前提に計算しています。2回の相続を経て、親の財産は完全に子ども世代に移りますから、**相続税の増税分に関しては、1次相続、2次相続の合計額で考える必要があります。**

というのも、1次相続よりも2次相続のほうが相続税の負担が重くなるケースが多いからです。1次相続では、母親には配偶者の税額軽減が認められます。母親の相続分は、①法定相続分、あるいは、②1億6000万円のどちらか大きいほうの額まで、相続税がかからないという制度です。

また、自宅を所有している場合、父親の死後、母親はそのまま住み続けるのが普通です。この場合、小規模宅地等の特例が適用され、自宅の評価は8割減になります。1次相続では、母親が相続人にいることで、相続税を大きく圧縮することができるのです。

しかし、母親が亡くなり、2次相続が発生すると、配偶者の税額軽減はありません。また、相続人である子どもは、自分でマイホームを取得して、別居しているケースが多いでしょう。その場合、小規模宅地等の特例も利用できません。よって、1次相続

図表11：１次相続、２次相続を合せた増税額と増税率

	相続税の課税価格	改正に伴う税額の増加			改正に伴う限界税率の変化		
		～平成26年	平成27年～	増税額	～平成26年	平成27年～	増税率
A	8,000万円	0	175万円	175万円	0.00%	6.25%	6.25%
B	1億円	100万円	395万円	295万円	5.00%	12.50%	7.50%
C	2億円	1,300万円	2,120万円	820万円	18.75%	20.00%	1.25%
D	3億円	3,500万円	4,700万円	1,200万円	27.50%	32.50%	5.00%
E	4億円	6,550万円	7,950万円	1,400万円	32.50%	32.50%	0.00%
F	5億円	9,850万円	1億1,475万円	1,625万円	35.00%	41.25%	6.25%
G	10億円	3億450万円	3億3,020万円	2,570万円	42.50%	46.25%	3.75%

※相続人＝配偶者＋子ども2人。配偶者は相続財産の２分の１を取得したものとする。

よりも相続税が高額になりがちなのです。

配偶者と一緒に財産の形成に貢献してきた母親に、高額な相続税を課すのは気の毒です。だから、１次相続ではある程度の〝納税猶予〟をしようというのが、配偶者の税額軽減であり、小規模宅地等の特例の趣旨です。しかし、子どもはそうはいきません。あくまで猶予ですから、母親が亡くなった後の２次相続では、しっかり徴収されるのです。

図表11は、平成27年以降に相続が発生すると、どのくらいの増税になるかを、１次相続と２次相続の合計額でシミュレーションしたものです。相続人は配偶者と子ども２人の計３人。それぞれが法定相続分を取得したと仮定しています。

Aさんのケースでは課税価格が８０００万円です。

平成26年までは、基礎控除が８０００万円ですから、相続税はゼロになります。ところが、平成27年以降は、基礎控除が４８００万円になり、１次相続と２次相続の合計で、相続税は１７５万円を支払うことになります。

課税価格が大きくなるほど、増税額も大きくなります。ここで**「限界税率」**という数値が出てきます。これは、課税価格の増大分に対する増税率を表したものです。Aさんの場合は６・25％です。この数値を見れば、節税をしたときに税金にどのくらい影響があるのかを簡単に知ることができます。

たとえば、Aさんが相続税の課税価格を１０００万円引き下げる対策を行ったら、その６・25％、つまり、62万５０００円の節税効果が期待できるのです。

この効果は、税率が高いほど大きくなりますから、限界税率32・５％のDさんの場合であれば、同じ１０００万円の課税価格の減少で、３２５万円の節税効果が得られることになります。自分の家の場合の限界税率はどのくらいかを知っておくと、相続税対策が考えやすくなります。

なお、今回の税制改正により、基礎控除と税率区分が変わりましたので、**図表11**に示した通り、課税価格の水準によって変化する限界税率の水位も上がりました。つまり、今回の税制改正で増税になったことは確かですが、逆に言えば、相続税対策を行うことによる節税額も大きくなったわけで、プラスにとらえれば、相続税対策の効果も大きくなったと言うこともできます。

●――こんな財産にも相続税がかかる

相続税対策が必要かどうか、それを判断するためには、相続税が課税されるのかどうかをおおよそでも知る必要があります。

相続税の対象となり得る財産を**「相続財産」**と呼びます。相続財産には、現金・預貯金、有価証券（債券、株式、投資信託など）、不動産、ゴルフ会員権、船舶、宝石・貴金属、書画・骨董などがあります。また、特許権や著作権などの形のない財産も相続財産になります。お金に換算できて売買が可能なものは、すべて相続財産になると考えれば、分かりやすいでしょう。

これらはプラスの相続財産ですが、マイナスの相続財産もあります。相続ではプラスの財産もマイナスの財産も、まとめて引き継ぐことになっています。借金などの債務はマイナスの相続財産として、プラスの財産から差し引いて、相続税を計算することができます。

たとえば、預貯金や不動産で3億円の財産があったとしても、借金が2億円あれば、相続税の対象となるのは1億円になります。

また、本来は相続財産ではありませんが、相続税を計算する際には相続財産とみなして計算を行う**「みなし相続財産」**と呼ばれるものがあります。

被相続人が亡くなった時点で受け取る生命保険は、本来、被相続人が所有していた財産ではありませんから、相続財産とは言えません。しかし、相続人にとってみれば、相続財産と同様の価値がありますから、相続税の対象となります。みなし相続財産には、他にも、死亡退職金や民間の保険会社などから年金を受け取る権利などが含まれます。

生前に贈与された財産にも、相続税がかかることがあります。それは、相続人が亡くなる前3年以内に贈与されたものです。つまり、贈与を受けた後、3年以内に被相続人が亡くなった場合には、相続税の対象となるということです。これは、被相続人が亡くなる直前に贈与を行い、相続税を回避するのを防止するための措置です。

●墓地や墓石、仏壇には相続税がかからない

一方で相続税がかからない財産もあります。

たとえば、墓地や墓石、仏具などには相続税はかかりません。これは社会通念上、財産と言いにくいもので、処分して換金できるものではないことから、相続税はかからないことになっています。

では仏壇を純金で作ったらどうか？　という話もありますが、日常礼拝の用に供していなければ相続税の対象となります。仏壇という意味では換金は難しいでしょうが、純金であれば、溶かして金として使うことができます。つまり、金としての価値はあるので、その分は相続税の対象となるのです。

墓石にも、高額な石があります。しかし、これまで特別な石を使った墓石を作っていた場合でも、税務署に指摘されたことはないようですので、非課税と考えていいでしょう。

相続財産ではありませんが、葬儀費用にも相続税はかかりません。被相続人の葬儀のためにかかった費用は、相続財産から差し引くことができます。

会社から支払われる死亡弔慰金などは次のような一定額まで相続税はかかりません。

〈死亡弔意金が非課税となる範囲〉

業務上の死亡→給与3年分（賞与を除く）

業務上の死亡ではない場合→給与半年分（賞与を除く）

また、生命保険や死亡退職金は、みなし相続財産として相続税がかかるという話をしましたが、いずれも次の計算式の金額までは非課税になります。

〈生命保険や死亡退職金が非課税となる範囲〉

500万円×法定相続人の数＝非課税限度額

●――名義預金の税務調査はとりわけ厳しい

相続財産が少なくなれば、相続税の額も下がりますから、手っ取り早い脱税の方法は、財産を隠してしまうことです。マルサ（東京国税局査察部）を扱った映画で金の延べ棒を庭に埋めたり、札束をソファーの中に埋め込んだりするシーンが出てきますが、あれは、ほとんど実例と考えて間違いありません。

私の経験でも、プールの底に防水シートにくるんだ札束が沈められていたケースや、壁にかかった絵の裏に金庫が隠されていたケースがあります。これは発覚した後のペナルティを考えると、お勧めはできません。

相続財産が見えなくなってしまう例として、最も多いのは**「名義預金」**です。名義預金とは、親が子どもなど他人の名義で預金をしているものです。生前に親から子どもに渡してしまった名義預金は、分からなくなってしまいます。それぞれ、自分がもらったものは分かりますが、他の兄弟に渡ったものは知る方法がないからです。もしかしたら、愛人に渡っているものもあるかもしれません。それは知る術がありません。

これらの名義預金は本来、相続財産に含めるべきものです。「黙っていれば分からないだろう」という考えがあるとすれば、それは甘すぎます。税務署の相続税の調査は、税務調査＝名義預金調査と言ってもいいほどなのです。

税務署では、土地は**「表現資産」**という言い方をします。土地は隠すのが難しいからです。仮に隠そうとしても、登記簿謄本を洗いざらい調べれば分かりますし、固定資産税からたどることも可能です。

ですから、調査の主な対象は、**「不表現資産」**になります。その代表的なものが名義預金です。どのように調べるかというと、被相続人の預金の流れを確認していきます。まとまった額の預金が引き出されていれば、その預金の行方を調べます。子ども名義の口座に同じ金額が入金されていれば、「これは名義預金ですね」ということになります。

預金が家政婦さんに渡されるというケースもあります。年老いて子どもにも誰にも相手にされなくなってしまうと、親身に面倒をみてくれた家政婦さんを家族のように感じてしまうのです。

●——親と同居していないと、持ち家の評価はバカ高い

前述のように平成27年以降は、都市部に持ち家（戸建て）を所有しているだけで相続税の対象となるケースが増えます。では、相続税評価額はどのように計算されるのでしょうか。

住宅や事務所などの建物の敷地である**「宅地」**は、使用目的によって相続税の評価が大きく異なります。ですから、使用目的を変更することで節税対策にもなります（第7章参照）。

宅地の評価方法には**「路線価方式」**と**「倍率方式」**の2つがあります。どちらで評価をするのかは、宅地の所在地によって異なります。

「路線価」というのは、道路に面する土地、1㎡当たりの価格のことです。道路ごとに価格が決まっています。ただ、すべての道路に路線価がついているわけではなく、おもに市街地の土地についているものです。路線価のある土地については、路線価方式で相続税の評価を行います。

路線価のない土地は倍率方式で計算します。倍率方式の場合は、**「固定資産税評価額」**に**「評価倍率」**（地域ごとの実情に即するように定められた倍率）を掛けて計算します。

ここでは、路線価を利用した宅地の評価の方法を紹介します。路線価は、例年7月に各国税局が公表し、税務署に行けば閲覧することができます。また、国税庁のサイト（http://www.rosenka.nta.go.jp/）でも確認できます。評価倍率もこのサイトで確認できます。

実際に斉藤敏郎さん（48歳）のケースで見ていきましょう。斉藤さんは現在、マンションを購入し、両親とは別居しています。父親は、東京都調布市深大寺東町6丁目29番19号に200㎡の自宅用の土地を所有しています。

図表12：路線価図の例

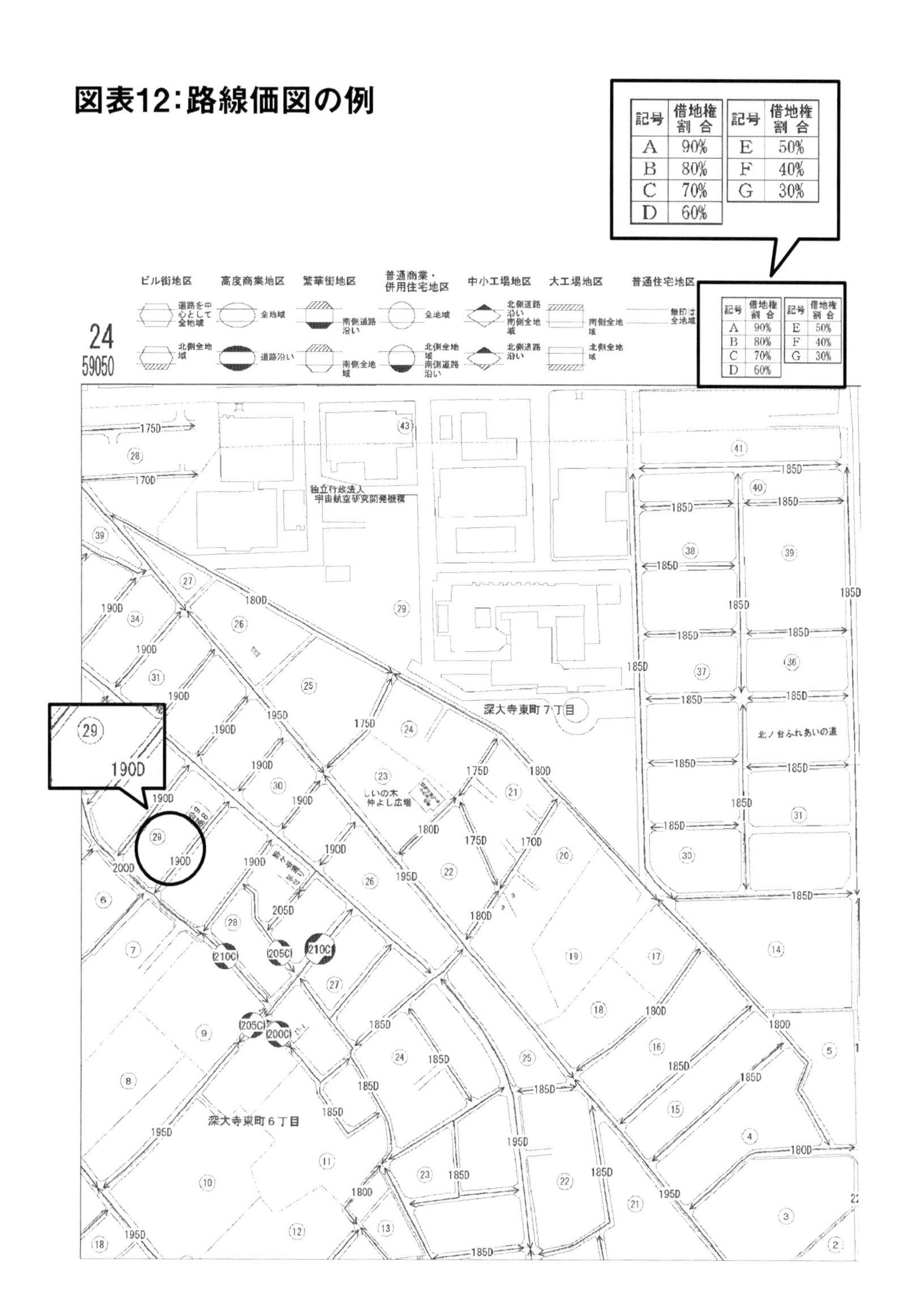

記号	借地権割合	記号	借地権割合
A	90%	E	50%
B	80%	F	40%
C	70%	G	30%
D	60%		

図表12は、東京都調布市深大寺東町6丁目付近の路線価図です。6丁目29番付近の路線価を見ると、「190D」と記載されています。これは1㎡あたりの路線価を千円単位で表示したもので、この場合、路線価が19万円であることを示しています。

もし、宅地が借地である場合には、所有地よりも評価が低くなります。「借地の場合は、そもそも税金は地主が払うのでは？」と思う人もいるかもしれませんね。確かに固定資産税は地主の負担です。しかし、相続税は違います。

「借地権」というのは、とても強い権利で、借地人が返すと言わない限り、地主は追い出すことができません。また、親から子へ受け継ぐこともできます。そこで財産と見なされ、相続人は一定の相続税を支払う必要があるのです。

さて、前述の路線価は、「190D」となっていました。このDというのは、**「借地権割合」**を示すものです。路線価図の上部には借地権割合A～Gの一覧表があり、この表で見るとDは60％であることが分かります。つまり、もし借地であれば、相続税評価額は19万円×60％＝11万4000円となるわけです。しかし、斉藤さんの実家は自己所有地ですから、路線価は100％の19万円で計算します。

図表13：小規模宅地等の特例の内容（平成27年〜）

	限度面積	評価減割合
自宅用（居住用）	330㎡※	80%
商売用（事業用）	400㎡	80%
賃付用	200㎡	50%

※平成26年までの相続の場合は240㎡

自宅用と商売用を所有している場合には、合せて730㎡まで対象

路線価が分かったら、次の計算式で相続税評価額が計算できます。

〈宅地の相続税評価額の計算式〉

路線価×土地の面積×補正率＝宅地の評価額

ただ、路線価は道路ごとに画一的に決めた土地の価格ですから、個々の土地の形などは考慮されていません。「正方形で土地の一面が道路に面している」ことを前提に決められています。土地の形が変形であれば、評価は下がりますし、2面以上が道路に面していれば、逆に評価は上がります。

相続税を計算する際は、それぞれの土地の条件を**「補正率」**として加味して計算します。正確に把握するには、専門家に依頼する必要がありますので、自分でおおよそ計算する際に

は、路線価で計算して構いません。

斉藤さんの実家の土地の相続税評価額は、試算をしてみると、19万円×200㎡＝3800万円となり、あくまでも概算ですが、おおよそ3800万円であることが分かりました。

宅地が自宅用、あるいは商売用（事業用）である場合には、小規模宅地等の特例によって相続税評価額を下げることができます。

自宅用として80％の評価減を受けるためには、いくつかの条件があります。

〈小規模宅地等の特例を受けるための条件〉

①被相続人が自宅用（居住用）として利用していたこと

②原則として、相続人が被相続人と同居していて、相続後も住んでいること

この2つの条件を満たせば、自宅用（居住用）の宅地として、80％の評価減を受けることができます。

では、被相続人に配偶者がなく、相続人が同居していなかった場合はどうでしょうか。その場合には、相続人または相続人の配偶者のどちらも自宅を所有していなければ、80％の評価減を受けることができます。

厳密に言えば、「相続開始前3年以内に日本国内にある自己又は自己の配偶者の所有する家屋に居住したことがない」ということですので、過去に自宅を所有していたとしても、相続発生から3年以上前に手放していれば、80％の評価減を受けることができます。

斉藤さんのお父さんが亡くなった1次相続のときは、お母さんが実家を相続して、そのまま住み続けるので、小規模宅地等の特例による評価減が受けられます。お母さんが亡くなった2次相続のときは、斉藤さんは同居しておらず、また、居住用のマンションを所有しているので、小規模宅地等の特例の評価減は受けられません。

ここで別の実例を紹介します。

橋本隆之さん（52歳）は、転勤で福岡に赴任し、賃貸住宅で暮らしています。父親はすでに亡くなり、母親は東京でひとり暮らしをしています。仮に母親が亡くなった場合、橋本さんが東京の実家に住む可能性がなくても、小規模宅地等の特例の評価減は可能でしょうか？

結論から言えば、評価減は可能です。相続税の申告期限までに売却しなければＯＫです。

先に挙げた、小規模宅地等の特例を受けるための条件には合致しませんが、２次相続に限っては、相続人または相続人の配偶者がどちらも自宅を所有していない場合、相続発生前の被相続人との同居の事実や、相続発生後の居住の有無にかかわらず、特例の適用が可能なのです。

ただし、もし住まないとすれば、その家をどうするのかということになります。多いのは売却して、現金を相続人で分けるという方法です。

相続財産を３年以内に売却すると、**「譲渡所得税」**が安くなるという制度があります。相続税の分を譲渡所得税から差し引くことができます。ですから、売却するのであれば、３年以内に売却したほうが有利と言えます。

●――終身利用権の老人ホームも小規模宅地等の特例がＯＫに

「二世帯住宅の場合は、同居と言えるのか」という点について、これまで意見の分かれる部分がありました。二世帯住宅であっても、両親世帯と子ども世帯が1階と2階で分かれており、1階と2階が外階段でしかつながっていない場合には、これまでは原則、同居とは認められませんでした。しかし、平成26年1月1日以降は、外階段でしかつながっていない場合も、同居と認められることになりました。

また、被相続人が自宅用として利用しているかどうかという判断も難しい面がありました。最近は介護が必要になったため、やむを得ず介護施設などに入居する場合もあります。この場合、長い期間、介護施設で過ごすために「自宅は介護施設に移ったのではないか」という考え方もあるからです。

これまで、①介護の必要性があること、②自宅の維持・管理が行われていること、③自宅を賃貸などに出していないこと、④介護施設の区分所有権、または終身利用権を取得していないこと、の4つの条件を満たせば、小規模宅地等の特例が適用されていました。

しかし、有料老人ホームには、終身利用権を取得するタイプも多くあります。その場合に、小規模宅地等の特例が認められないのは不公平ではないかということで、前述の①～③を満たすのであれば、終身利用権を取得していても特例が認められるようになります。平成26年1月1日以降の相続に適用されます。ただ、区分所有権を取得するタイプの場合には、今後も認められません。

私は税理士ですから、依頼を受けた方の利益を守るため、しばしば税務署と見解を異にすることもあります。最近、こんなことがありました。

妻が認知症になってしまったため、終身利用権の費用を夫が支払って、老人ホームに入居させました。これはごく普通のことだと思います。しかし、税務署は、「夫が支払った費用は妻への贈与」だと主張してきました。「妻にも預金があるのだから、妻自身が支払えばよい」というのです。

私は驚きました。いまの日本の社会で、夫が妻の費用を支払うのは、当然ではないでしょうか。これが贈与であるというのは、社会通念上、考えにくいと思うのです。

この件に関しては、いまも税務署と協議を重ねています。

●――理想的な二世帯住宅で親孝行ができる

ここで、前述の斉藤さんのケースに戻りましょう。

斉藤さんは、現在、自己所有のマンションで暮らしているため、小規模宅地等の特例は適用されません。マンションを売却して、賃貸に移るなどして、3年経過以降に2次相続が発生すれば適用されますが、相続税のために、いまの生活を犠牲にするのは本末転倒です。

このままの生活を維持するのであれば、相続税がかかっても納税資金に困らないような対策を講じておくのがいいでしょう。あるいは、これを機会に親孝行をするために、実家を二世帯住宅にして同居するという方法もあります。

幸い、外階段の二世帯住宅にも特例が適用されるようになりますから、両親ともある程度距離を保ちながら、同居することが可能になります。

私どもの税理士法人に相談に来る方のなかにも、親と同居している人はたくさんいます。旧家の場合は、いまだに二世帯住宅ではなく、大きな家のなかに2世代、3世代が一緒に暮らしているケースも少なくありません。

こうした方が口を揃えて言うのは、「外食にも行けない」ということです。同じ屋根の下に暮らしていれば、外食に出かけようと思えば、「親世代を誘わないわけにはいかない」というのです。こっそり出かけることもありますが、かえって気を遣います。結局、面倒になり、「旅行はもちろん、外食にさえ出かけなくなってしまう」というのです。

一方で、親世代に話を聞くと、「外食に行くときに、誘ってもくれない」とおっしゃる母親も少なくありません。「誘われたら一緒に行くのですか?」と聞くと、「行きませんわ。私はそこまで人の気持ちが分からなくはありません」とおっしゃいます。親世代にも複雑な心境があるのです。子どもに誘われて、付いていくほどずうずうしくはないが、誘われたい。「結局断るのだけれど、誘ってほしい」というのが本音なのです。ここに同居の本質が表われています。

このような煩わしさをなくし、近い距離で暮らすことができるのが、外階段の二世帯住宅です。

●──建物は固定資産税評価額で評価する

自宅の土地の評価方法は、おおよそ理解いただけたと思いますが、建物の評価はどうすればいいでしょうか。

相続税評価を行う場合、宅地と建物は別々に計算します。自宅用や事業用の建物は、固定資産税評価額がそのまま相続税評価額になります。固定資産税評価額は、市区町村から毎年送付されてくる、固定資産税の納税通知書で確認できます。土地と建物が別々に記載されていますので、建物の評価額を確認してください。

では、マンションの場合はどうなるでしょうか。マンションの相続税評価額は、次のように計算します。

〈マンションの相続税評価額の計算方法〉

① 建物部分＝固定資産税評価額
② 土地部分＝マンション全体の土地の評価額×持ち分割合
①と②を足したものが評価額となります。

●──自宅以外の土地・建物はどう評価する？

宅地を貸している場合には、**「貸宅地」**と呼ばれ、評価額が下がります。人に貸すと、所有者といえども簡単に処分ができなくなり、不自由さがあるからです。一方で、土地を借りている人には、借地権という権利が生じます。借地権の評価がどのくらいになるかは、前述の路線価図で確認することができます。

仮に借地権割合が60％の土地であれば、借りている人の権利が60％、貸している人の権利が40％となります。したがって、評価額を計算する際は、次のような計算式になります。

〈貸宅地の相続税評価額の計算式〉

自宅用土地としての評価額×（1－借地権割合）＝貸宅地の評価額

では、アパートなどの場合はどうなるでしょうか。戸建ての貸家、賃貸アパート、賃貸マンションを建ててある土地を**「貸家建付地」**(たてつけち)といいます。貸宅地の場合は、土地のみを貸しているのに対して、貸家建付地は自分の土地に建物を建て、それを他人に貸して賃貸収入を得ている場合です。

この場合の評価額は、次の計算式で計算します。

〈貸家建付地の相続税評価額の計算式〉

自宅用土地としての評価額×（1－借地権割合×借家権割合×賃貸割合）＝貸家建付地の評価額

「借家権割合」は、全国的に30％となっています。また**「賃貸割合」**とは、賃貸家屋の全床面積に占める賃貸部分の合計床面積の割合をいいます。

●土地の評価は境界線でもめる？

土地の評価をするときには、まず隣地との境界線をはっきりさせなければなりません。境界が分からなければ、面積が計算できないからです。大きな地震が起きた後などは、とくにもめることがあります。地震で境界が3㎝動くなどということも、珍しくないからです。「この石の位置が前と違う」というようなところから、隣人との争いが起こるのです。

3㎝の境界の違いで、はたしてどのくらい土地の価値が違うものなのか、調べてみると3万5000円だったということもあります。その程度の違いであれば、争いが起きないことも多いのでしょうが、どの程度の違いになるのかを計算しないままだと、どちらも譲れなくなってしまうのです。

境界というのは、互いに話し合って決めるしかありません。境界石があればよいのですが、ないことも多いのです。登記簿には、**「公簿面積」**が記載されていますが、実測とは違います。「公簿では200坪だったのに、実測してみると250坪あった」という程度の誤差は生じてくる場合があります。

相続では、原則として**「実測面積」**を使うことになっています。しかし、測量をするためには何十万円という費用がかかることもあります。そこで、実務では、公簿面積を利用することも多くあります。

私が税理士になって、初めて相続税の申告をするときに、いろいろ調べました。「公簿面積を使っていい」とは、どこにも書いてありませんでした。しかし、公簿面積で申告をしても、税務署から指摘されたことはありません。原則だけで考えていると、本質は分からないことが多いのです。

もちろん、実測と大幅に違っていては問題がありますので、簡易的に測量は行います。私たちが簡易測量器を持って現場に行き、調べます。

●相続税の額をおおよそ計算してみよう

では、実際に相続税がかかるのか、かかるとすればどのくらいなのかを、おおよそ計算してみましょう。

相続税は次の3ステップで計算します。

〈相続税を計算するための3ステップ〉

ステップ1●相続財産の評価額を計算する

ステップ2●相続税がかかるかどうかを計算する

ステップ3●相続税の総額を計算する

まずは、分かっている範囲で相続財産を書き出し、相続税評価額を計算していきます。相続税評価額の計算方法は、**図表14**を参考にしてください。相続財産はプラスの財産だけでなく、借金などのマイナスの財産も書き出します。

相続財産の評価額が分かったら、ステップ2で相続税がかかるかどうかを判断します。プラスの相続財産からマイナスの相続財産を差し引いたものが正味の相続財産になります。そこから基礎控除を差し引き、**「課税遺産総額」**を計算します。基礎控除は次の計算式で計算します。

〈基礎控除の計算式〉

5000万円＋（1000万円×法定相続人の数）――平成26年まで

3000万円＋（600万円×法定相続人の数）――平成27年から

課税遺産総額がプラスになった場合、相続税がかかります。

次にステップ3で相続税の額を計算しましょう。相続税の額は、まずは各相続人が法定相続分を受け取ったとして計算します。これが相続税の総額になります。そして、実際に納税する際には、各人が実際に受け取った金額に応じて相続税を按分して支払います。

図表14:ステップ1 ●相続財産の評価額を計算する

プラスの相続財産		財産の種類	相続税評価額の計算法	金額
相続財産	金融資産	現金	親が死亡した日の残高	
		預貯金	親が死亡した日の残高	
		上場株式	親が死亡した日の終値	
		債券、投資信託	親が死亡した日の時価	
	不動産	自宅の敷地/330㎡までの部分*	路線価×面積×20%	
		自宅の敷地/330㎡超の部分*	路線価×面積	
		自宅の敷地/借地権*	路線価×借地権割合×面積(330㎡までの部分は路線価×借地権割合×面積×20%)	
		自宅の建物*	固定資産税評価額	
		上記以外の宅地	路線価×面積	
		貸家建付地	路線価×面積×(1-借地権割合×借家権割合×賃貸割合)	
		貸家の建物	固定資産税評価額×70%	
	その他	ゴルフ会員権	取引相場価格×70%	
		美術品・骨董品・宝石・貴金属など	鑑定価格または市場価格	
		仏具・墓地・墓石	原則非課税	■
みなし相続財産	保険金など	生命保険の保険金	相続人の受け取った保険金-(500万円×法定相続人の数)	
		死亡退職金	受け取った死亡退職金-(500万円×法定相続人の数)	
	贈与財産	相続発生前3年以内の贈与財産	相続財産と同様に計算する	

*相続後も家族が住み続ける場合。平成26年までの相続の場合は、330㎡→240㎡

プラスの相続財産の総評価額	

マイナスの相続財産		財産の種類	相続税評価額の計算法	金額
負債	借入金	借金・ローン	相続開始時の残高	
	その他	葬儀費用	実費	

マイナスの相続財産の総評価額	

図表15：ステップ2 ●相続税がかかるかどうかを計算する

プラスの相続財産の総評価額		マイナスの相続財産の総評価額		基礎控除		課税遺産総額①
	＋		－		＝	

3,000万円＋(600万円×法定相続人の数)で計算*

ここがプラスになれば、相続税の対象に！

＊平成26年までの相続の場合は、5,000万円＋(1,000万円×法定相続人の数)

図表16：ステップ3 ●相続税の総額を計算する

法定相続人	法定相続分②	法定相続金額③(①×②)	相続税の額(③×税率－控除額)
配偶者	1／2		
子ども			
子ども			
子ども			
相続税の総額			

この金額が支払う相続税の総額。支払う際には、実際に受け取った遺産の金額に応じて税額を按分する

相続税の税率

法定相続人の取得金額	税率	控除額
1,000万円以下	10%	－
3,000万円以下	15%	50万円
5,000万円以下	20%	200万円
1億円以下	30%	700万円
2億円以下	40%	1,700万円
3億円以下	45%	2,700万円
6億円以下	50%	4,200万円
6億円超	55%	7,200万円

実際に、前述の斉藤さんのケースで計算してみましょう。斉藤さんの父親の財産は、次の通りです。

［相続人］
母親、本人、妹
［プラスの相続財産］
■不動産
○自宅用土地（東京都調布市）＝３８００万円
○自宅用建物＝固定資産税評価額＝４４０万円
■金融資産
○預貯金＝２４００万円
○投資信託＝１０００万円（時価）
［マイナスの相続財産］
■借入金

○自宅のリフォームローンの残額＝200万円

１次相続においては、母親が自宅を相続することを前提として、小規模宅地等の特例が適用できます。自宅の土地の評価額は3800万円（路線価19万円×200㎡）ですから、ここからその80％相当額の3040万円の小規模宅地等の評価減を控除した760万円が、土地の課税対象額となります。自宅用建物の相続税評価額は固定資産税評価額と同額ですので、そのまま440万円が課税対象となります。

また、預貯金は額面の2400万円、投資信託は時価の1000万円が、相続税評価額となりますので、これらを合計して、プラスの財産は4600万円となります。

一方、マイナスの財産であるローンの残高が200万円ありますので、これを控除した最終的な課税価格は、4400万円となります。

この金額は、税制改正後の基礎控除額である4800万円（3000万円＋600万円×法定相続人３人）を下回っていますので、幸いにも１次相続においては、斉藤さんには相続税がかからないことになります。

問題は、次に母親が亡くなった際の２次相続です。斉藤さんは、父親の死後も母親と同居する考えはなく、自己所有のマンションに住み続ける予定ですので、２次相続においては小規模宅地等の特例を受けることができません。

母親は１次相続で、税法上、課税価格の２分の１になるように、土地７６０万円（小規模宅地等の評価減の適用後）、建物４４０万円、預貯金１０００万円、合計２２００万円の財産を相続し、残りの財産は斉藤さんと妹が相続しました。しかし本来、土地の価値は７６０万円ではなく３８００万円あるわけですから、民法上、母親は合計で５２４０万円の財産を承継していることになります。小規模宅地等の特例が受けられない以上、２次相続ではこれがそのまま課税価格となります。

ここから、税制改正後の基礎控除額の４２００万円（３０００万円＋６００万円×法定相続人２人）を控除した１０４０万円が、２次相続の課税遺産総額となります。これに法定相続分（2分の1ずつ）を乗じて税率表にあてはめ、相続税額を計算すると、１人あたま52万円となり、斉藤さんは妹と２人で、計１０４万円の相続税を負担しなければならないことになるのです。

第4章　相続税はいつ、誰が支払う？

――申告までの手順を知ろう

●申告期限は10カ月。遅れるとペナルティも

相続税の申告は、被相続人が亡くなった時点から、10カ月以内に行わなければなりません。10カ月というと、長いように感じるかもしれませんが、実際にはあっと言う間に過ぎてしまいます。

まず、被相続人が亡くなった時点が相続発生日になります。遺族はその日から7日以内に医師の**「死亡診断書」**とともに、**「死亡届」**を市区町村役場に提出します。この届け出を行わないと、火葬や埋葬の許可が下りません。また、生命保険に加入している場合は、保険金の請求に死亡診断書が必要なケースもありますから、保険請求用の死亡診断書も併せてもらっておくと手間が省けます。

通夜、葬儀などでは、香典などを受け取る一方で、葬儀費用などの支払いも発生します。すべて現金でのやり取りになりますので、きちんとお金の出入りを記録しておくことが必要です。

葬儀にかかる費用は、相続財産から控除することができますので、その意味でも、記録は大切です。できれば、親族の中から出納責任者を決めて、お金の出入りや領収証の保管などをしてもらうのがよいでしょう。

葬儀が済んだら、被相続人が取引していた銀行などの金融機関に、**「相続届」**を提出します。相続届を提出すると口座は凍結され、遺産分割協議が終わるまで引き出しはできません。提出が早過ぎると、葬儀費用を被相続人の口座から支出できなくなりますので、注意が必要です。口座から公共料金の自動引き落としをしている場合には、それもストップしますので、名義変更や支払い方法の変更の手続きをしておく必要があります。

初七日の法要が終わり、少し落ち着いたら、まずは遺言書があるかどうかを確認します。もし、遺言書が見つかった場合、焦って中身を確認しようとしてはいけません。封印がしてあった場合には、相続人またはその代理人の立会いのもと、家庭裁判所で開封することと決められています。

この封印とは、封に押印がされているもののことを言います。単に遺言書が封筒に入り糊付けされているものは、封印とは言いません。

遺言には、①**「自筆証書遺言」**、②**「公正証書遺言」**、③**「秘密証書遺言」**の3種類がありますが、公正証書遺言以外は、家庭裁判所の**「検認」**を受けてから開封する必要があります。これは、遺言書の偽造や変造を防止するために行うものです。

検認の手続きを受けずに遺言を執行したり、封印のある遺言書を家庭裁判所以外で開封したとしても、遺言書自体の効力はなくなりませんが、5万円以下の過料（軽い禁令を犯した者に科する金銭罰）に処されることがありますから注意してください。

なお、3つの遺言形式の特徴をまとめると、次のようになります。

〈3つの遺言形式の特徴〉

①自筆証書遺言

本人が遺言書の全文・日付・氏名を自分で書き、押印します。本人の筆跡であることが必要なので、代筆やパソコンで書くことは認められていません。日付が不明確なものや、要件に合致しないものは無効です。また、遺言書の一部の加筆や訂正の方法は特に厳重に定められており、これに則っていなければ、訂正自体が無効となり、訂正前の内容が遺言として残ってしまいます。

②公正証書遺言

公証人役場で、２人以上の証人の立会いのもとで作成します。遺言の内容を本人が口頭で伝え、公証人が筆記したものを本人と証人が承認し、署名・押印します。公正証書遺言は、原本が原則20年間、公証人役場に保管され、本人には正本と謄本が渡されます。

③秘密証書遺言

署名・押印の上で封印した遺言を公証人役場に持参し、２人以上の証人の立会いのもとで、遺言書の存在のみを公的に承認してもらう方法です。代筆やワープロ書きでも構いませんが、自筆証書遺言と同様、記載事項に不備があれば無効になってしまいます。

●——四十九日後の８カ月が、実質の申告準備期間

葬儀が終わって、２カ月後には四十九日の法要を行います。多くの場合、ここまではバタバタしていますので、実質的にはこの先の８カ月が、遺産分割協議や相続税の申告に使える期間ということになります。

相続税の申告は、かなりの手間を覚悟すれば、自分でもできないことはありません。税務署に言われた通りに申告書を記入して、提出するだけであれば可能です。しかし、税務署は、相続税が安くなるようなさまざまな控除や特例などは教えてくれません。そこで、普通は税理士に依頼します。

ですから、税理士に依頼をするところから、相続税の申告が始まるのが一般的です。ただ、日ごろ、税理士との付き合いがある人は少ないでしょうから「誰に」頼むのかが問題になります。あるいは、「誰が」頼むのかというのも問題です。みんなで互いに様子をうかがっているうちに、どんどん期間が過ぎてしまうことはよくあります。

私どもの税理士法人にも、あと1カ月となって、ようやく依頼に来られるケースもあります。私どもは、相続税の申告を専門に行っていますので、多くの人数を投入して、頑張れば残り1カ月でも申告することはできます。

しかし、なかには残り1週間になって依頼が来るケースもあります。そこまでいってしまうと、さすがに間に合いません。その場合には、細かなことは無視して、形だけでも申告をしてしまう、という方法を使うケースもあります。

なぜ、形だけの申告をするのかというと、申告期限を過ぎてしまうと、ペナルティが科されるからです。まず、申告期限を過ぎてしまうと、**「無申告加算税」**が課されます。税率にすると5%です。これを支払わずにすませるために、ともかく大急ぎで申告してしまうのです。

その後、1~2カ月かけて準備をして、改めて**「修正申告」**、もしくは**「更正の請求」**をするという方法を利用します。この場合は、無申告加算税は必要ありません。ただ、申告時に相続税ゼロで手続きし、修正申告で納税すると、**「延滞税」**がかかります。遅れた分の利息のようなものです。それも支払いたくない場合には、最初の申告時点でやや多めの金額で納税しておいて、後から更正の請求で戻してもらうという方法もあります。

●4カ月以内に被相続人の所得税の申告を

被相続人に事業収入や不動産収入があった場合には、所得税の申告が必要になります。通常は1年間の収入を合計して、翌年2月中旬〜3月中旬の**「確定申告」**の時期に申告を行いますが、本人が亡くなった場合には、そのときから4カ月以内に所得税の確定申告を行います。これを**「準確定申告」**といいます。

所得税の確定申告で税金を納める必要があるときには、各相続人が相続分に応じて税金を負担します。逆に所得税が還付された場合には、各相続人がこれを相続分に応じて受け取ります。

この所得税の申告はトラブルのタネにもなります。たとえば、3月に亡くなったとすれば、1〜3月分の所得は、何も手続きがされていないので、4カ月後の7月までに申告を行います。そこまでの分はいいとしても、問題は亡くなった後の収入です。たとえば、アパートを所有していれば、亡くなってからも家賃収入があるわけです。預金があれば利息がありますし、株式を持っていれば配当があるでしょう。それらの収入はどうすればいいでしょうか。遺産分割協議を経て、個々の財産の相続人が確定するまでには、タイムラグがあります。亡くなってから相続人が確定するまでの間の収入は、誰のものかということが問題になるのです。

これについては、最高裁の判決が出ています。法律上は、法定相続分ずつ分けるという判断です。遺産分割でアパートを受けとった人は、家賃収入も当然、自分のものだと思っています。一方で他の相続人は、みんなで分割するべきだと主張するでしょう。そこでトラブルになります。

税務署も「法定相続分で申告しなさい」「みんなで分けなさい」と指導しています。では、実務上はどうかというと、法定相続分で分けるのは、なかなか難しいものです。手続き上もややこしくなります。

そこで、相続人の間で相談して、結局は、誰か1人が家賃収入を相続するような処

図表17：相続税申告のスケジュール

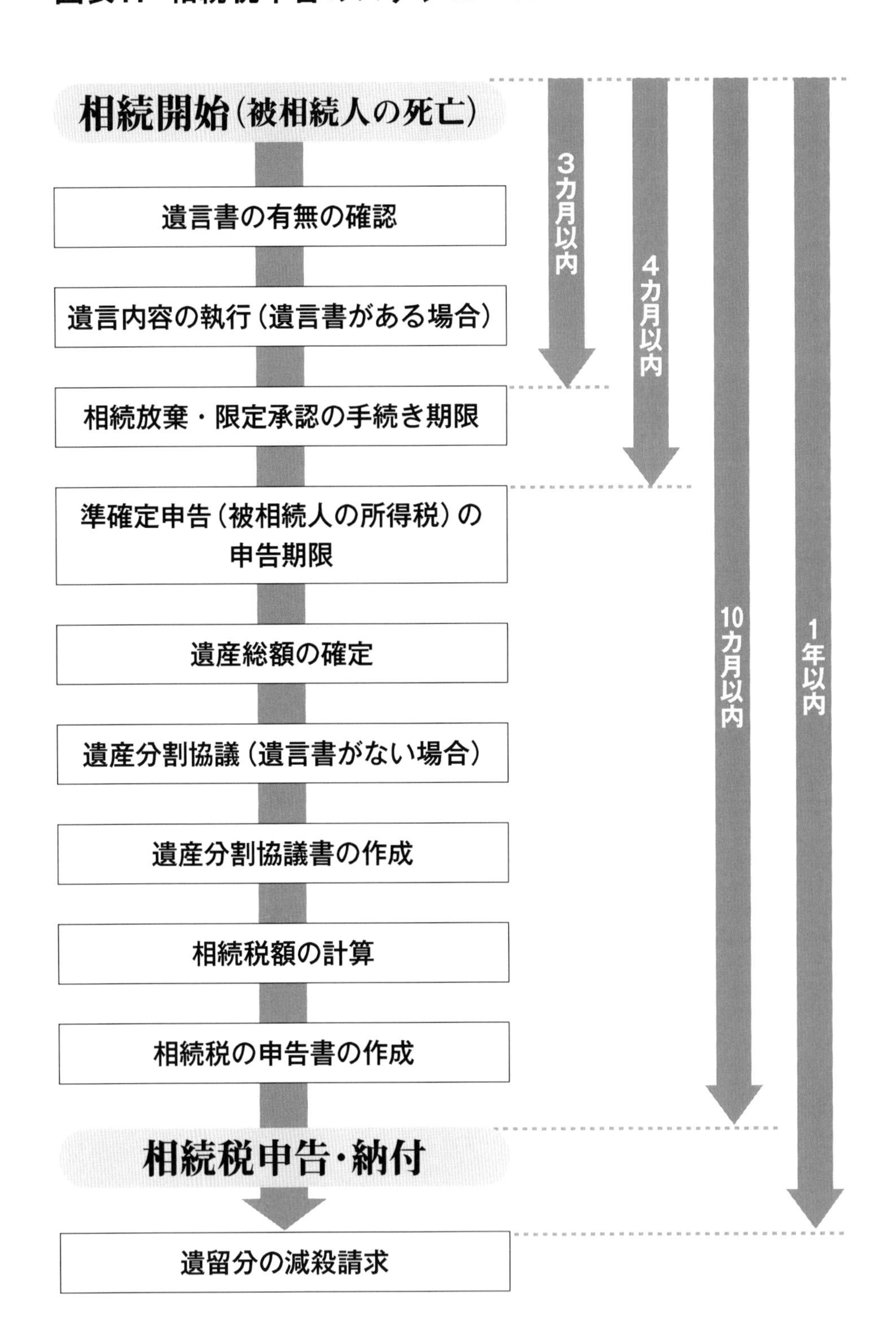

理をするのが一般的です。そのためには、税務署を説得する必要があるわけですが、税務署にしても、みんなに分配したほうが納税額は少なくなってしまいますので、その点を踏まえて交渉をすれば、多くの場合は認めてもらえます。

遺産分割協議はいつまでに行えばいい？

遺言書がない場合には、遺産分割協議を行います。相続人が話し合って、それぞれの受取り分を決めるのです。法定相続分は、あくまでも遺産分割の目安にすぎませんので、実際の受取り分は遺産分割協議で自由に決めることができます。

遺産分割協議は、いつまでという期限はありません。しかし、相続発生から10カ月後の申告期限までに終わっていないと、「どうせ過ぎてしまったのだから……」とさらに、ズルズルと伸びてしまい、まとまるものも、まとまらなくなってしまいます。遺産分割協議が終わらなければ、相続財産の名義変更もできませんから、申告期限までには終わらせるのが賢明です。

遺産分割の基本は**「現物分割」**です。これは、長男は自宅、長女は預金というように、財産をそのままの形で相続人が受け取る方法です。この方法で各相続人が納得し、遺産分割協議がまとまれば、スムーズに手続きが可能です。

しかし、遺産によっては、うまく分割ができないケースもあります。たとえば、財産は自宅だけという場合、複数の相続人に分割することはできません。このようなケースを想定して、遺産分割の方法には、現物分割の他にも**「換価分割」**や**「代償分割」**という方法があります。

〈遺産分割の3つの方法〉

① **現物分割**―財産ごとに受け取る相続人を決める方法

② **換価分割**―財産を売却して、相続人に金銭で分割する方法

③ **代償分割**―特定の相続人が相続財産を受け取り、その代わりに他の相続人には金銭を支払う方法

換価分割は、相続財産を売却して、その売却益を相続人で分ける方法です。現金化することで分割しやすくなるというメリットがありますが、時間がかかったり、相続財産によっては、思うような金額で換金できないというデメリットがあります。

代償分割は、相続財産をそのままの形で守りたいときに有効な方法です。たとえば、相続財産が自宅しかないとしても、親が長年住んでいた家を売却してしまうのは抵抗があるでしょう。そんなときには、長男が自宅を相続し、他の兄弟には相続財産の代わりに長男が現金を渡すという方法です。

●相続税の申告を忘れたらどうなる？

相続税の申告を忘れていた場合には、ペナルティが科されます。通常の場合、本来支払うべき税金に加えて、延滞税と無申告加算税を支払うことになります。延滞税は年4・3％(平成25年12月31日まで)、無申告加算税は納税額の総額の5％となります。

ただ、実際には、申告を忘れるということは、あまり起こりません。葬儀の後、埋葬許可書を発行してもらうときに、市区町村役場で手続きをします。その際に、市区町村役場は税務署に報告をすることになっています。つまり、税務署は相続が発生したことが自動的に分かるようになっているのです。

加えて、税務署は、常に情報収集をしています。相続が発生した時点で、被相続人がどの程度の財産を所有していたかを、おおよそ把握しています。一定の所得以上の人は、確定申告の際に財産の額を書くことにもなっています。また、信じられない話かもしれませんが、密告者も多くいます。

このように、税務署はあらゆる手段を利用して、国民の財産の把握を行っているのです。市区町村役場から相続発生の知らせを受け、被相続人にそれなりの財産がありそうだと判断すれば**「お尋ね」**の文書を送ります。

ですから、申告を忘れてしまうことは、実際上は考えにくいので、税務署に対しても「忘れていました」という言い訳は、通用しにくいのです。さらに、今回の改正後は、この「お尋ね」を厳しくするという話もあります。

前述のペナルティは、税務署の調査が行われる前に、自発的に税金を支払った場合のものです。税務署の調査が行われ、そこで申告をしていなかったことが発覚した場合には、ペナルティが重くなります。

延滞税は同じですが、無申告加算税は15％になります。とくに悪質だと見なされた場合には、無申告加算税の代わりに重加算税を支払うことになるケースもあります。無申告の場合の重加算税は40％です。

●相続税の調査には、税務署も気合いが入っている

個人事業を営んでいたり、会社を経営したりしている方にとって、税務申告は比較的、身近な存在だと思います。その経験上、税務調査というのは、100％来るわけではないことを知っています。

そのため、相続税も「指摘されたら納税すればいいんじゃないか」と考えている人もいます。ところが相続税の調査は、所得税のそれとは大きく異なります。

税務署にすれば、相続税は一生に1度、一世一代の税金を徴収するチャンスだと思

っています。最後のチャンスですから、真剣です。また、贈与の時点では、税務調査はありません。ですから、相続が発生したときに、一生分さかのぼって、贈与分についても、名義預金ではないかという調査を行います。

贈与税そのものには、6年の時効が定められていますが、そもそも贈与の実体がないと判断されれば、時効の主張ができなくなってしまいます。

また、ときには相続人すら知らなかった預金口座の存在を調べ上げたりもします。相続税の調査は、とにかく厳しく徹底的であると理解しておいたほうがいいでしょう。

●納税する資金がなかったらどうする？

相続税を納付する方法は①**現金**、②**延納**、③**物納**の3つがあります。もちろん基本は、現金の一括納付です。

延納は、期限内に現金一括で納めることが不可能な場合に分割払いをする方法です。どんな場合にでも認められるものではなく、次の4つの条件があります。

〈延納が認められるための条件〉

①相続税の額が10万円を超えている場合
②期限内に現金で納めることが困難である理由がある場合
③担保を提供できる場合
④期限内に延納申請をした場合

延納の担保と認められるものは、公社債（国債、地方債、社債など）、土地、建物などです。延納できる期間は、相続財産により5～20年の範囲で決められています。延納している間は**「利子税」**がかかります。ローンの金利のようなものです。利子税の率は相続財産の内容によって異なり、現行、2・1～3・5％（平成25年12月31日まで）となっています。銀行のローン金利より高い場合もありますから、延納するよりは、銀行でお金を借りて、一括で全額納税したほうがよいケースもあります。

なお、相続財産に預貯金などがあり、相続税を一括納付することが可能である場合などは、延納は認められません。

物納は、延納でも相続税を支払うことができない場合に、不動産などの現物で相続税を支払う方法です。物納できる相続財産は次のようなもので、優先順位も決まっています。第1順位の財産があるにもかかわらず、第2、第3順位の財産を物納することはできません。

〈物納が認められる財産〉

第1順位＝国債、地方債、不動産、船舶
第2順位＝株式、社債など
第3順位＝動産（宝石、貴金属、書画、骨董など）

ただし、抵当権が設定されている不動産や境界が不明確な土地、市街化調整区域内の土地、接道条件を満たしていない土地などは物納が認められません。

とくに最近は、物納が厳しくなっています。たとえば、安い地代で貸している土地、つまり底地を物納で納めたいと言っても、税務署はなかなか認めてくれません。税務署にしても、物納された財産は国庫に入るわけですから、処分しにくいものや収益性の悪いものは、受け取りたくないわけです。

税務署の言い分としては、「自分で売却して、そのお金で納税してください」ということです。ここ数年、そういう状況が続いています。以前は、相続財産のなかから、条件の悪いもの、収益性の悪いものを優先して物納できましたが、いまはそうはいかなくなっているのです。

このような状況ですから、物納を検討するのであれば、物納が可能かどうか、早めに確認しておかないと、後々、大変なことになります。

遺産分割協議が長引いて、相続財産の名義変更ができなければ、納税資金を捻出できないこともあります。その場合、やむを得ず、延納しなければならないケースも出てきます。それを避けるためには、とりあえず、納税する分だけを遺産分割する方法もあります。

相続税を支払わない場合には、資産が差し押さえになる場合もあります。土地・建物が差し押さえになるのはもちろんですが、その他にも、相続人が一番大事なものを差し押さえてきます。形見とか思い出の品など、相続人がどうしても、それを失いたくないと思えば、何とかお金を工面しますから、そこを衝いてくるのです。税務署は、「取り立ての名人」と認識しておきましょう。

●──相続税を支払わない相続人がいたらどうなる？

相続税は、相続財産を受け取った相続人が自分の受取り分に応じて税額を計算し、納税します。納税の手続きは、それぞれの相続人に任されているわけです。ここで心配になるのは、相続人の中に相続税を支払わない人が現れないか、ということです。人によっては、相続財産を受け取ったものの、ギャンブルにつぎ込んだり借金の返済に充ててしまったりして、納税のための現金がなくなってしまうことも考えられます。そんな場合にはどうなるのでしょうか。

結論から言えば、相続人全員の連帯責任になります。これを**「連帯納付義務」**といいます。

もちろん、税務署は税金を支払わない相続人に督促を行います。納税しない場合には差し押さえも行います。それでも、納税が困難だと判断した場合には、他の相続人に督促が行われます。「取れるところから取る」のが税務署の鉄則なのです。

万が一、相続税を支払わない人の代わりに、別の相続人が支払った場合には、本来支払うべき相続人に請求をすることができます。この権利を**「求償権」**といいます。

もし、相続人のなかに心配な人がいる場合には、相続財産を渡すときに、はじめから税引き後の金額を渡すようにしましょう。「税金は税理士さんに支払ってもらいましょう」とすれば、心配がなくなります。

●申告までの10カ月は、親の思い出を整理する期間

この章では、相続発生から申告までのスケジュールを中心に解説してきました。申告書を作成するまでの10カ月間というのは、税理士にいろいろ聞かれたり、話したり

するなかで、亡くなった父親や母親の思い出に入っていける期間でもあります。

申告書には、被相続人の経歴を書くところがあります。また、土地や建物の評価をするために写真を撮ります。そういったことがきっかけとなり、この期間は父親の癖を思い出したり、母親に叱られた記憶が蘇ったり、思い出を整理する機会にもなるのです。昔は、父親の癖が嫌だったのに、自分もあのころの父親の歳になってみれば、同じようなことをしていることもあるでしょう。

何か決断を迫られたときには、父親が同じような場面に出会ったとき、どう対処したのかを思い出すかもしれません。もし、父親がそのときに失敗していれば、同じ失敗を繰り返さないように気をつけることもできます。

相続税の申告は、単なる税金の申告ではなく、親の「相（すがた）」を受け継ぐ、儀式のようなものなのかもしれません。

第5章　本当に怖い《立場別》相続トラブルの注意ポイントとは？

●——平成25年度税制改正の世代別影響

今回の相続税法の改正によって、どのような影響を受けるのかは、世代によっても変わってきます。

各世代別に、どのような影響があるかについて、**図表18**にまとめてみました。ご自身に一番近い組み合わせを参考にしてください。

たとえば、一番左のA世代は、親が90代、子どもが60代、孫が30代という組み合わせです。このA世代では、基礎控除の引き下げが最も大きな影響を及ぼします。相続財産の額によっては、税率の引き上げにも注意が必要です。

70代－40代－10代のC世代であれば、新たに設けられた教育資金の一括贈与の非課税が、最も関わりが深いでしょう。また、40代の子どもはマイホームの取得を考える年代でもありますので、住宅取得等資金の贈与の特例をよく理解して、贈与を受けるときには、有利な方法を選択するのがよいでしょう。

図表18：平成25年度税制改正の世代別影響

		所感	A	B	C	D	E
			親 90代 / 子 60代 / 孫 30代	親 80代 / 子 50代 / 孫 20代	親 70代 / 子 40代 / 孫 10代	親 60代 / 子 30代 / 孫 10歳未満	親 50代 / 子 20代 / 孫 なし
相続税	被相続人の年代割合		19%	50%	19%	8%	4%
相続税	いつ影響するか？		2次相続に影響	1次相続に影響	1次相続に影響	将来に影響	将来に影響
相続税	基礎控除の改正。平成27年から	1	○	○	●	●	●
相続税	税率の改正。最高税率55%へ。平成27年から	2	●	●	●	●	●
相続税	小規模宅地の対象を240㎡から330㎡へ。平成27年から	3	□	□	□	□	□
相続税	小規模宅地の対象二世帯住宅拡充		▼	△	△	●	▼
贈与税	贈与税率の軽減		▼	▼	▼	▼	▼
贈与税	祖父母から孫へ教育資金贈与税非課税。平成25年4月より	4	□	□	○	□	×
贈与税	相続時精算贈与の拡充	5	□	□	□	□	□
贈与税	従来からある住宅資金贈与。平成25年は省エネ・耐震住宅で1,200万円		△	△	○	○	□

所感
1 基礎控除の改正は、A世代、B世代に重大な影響
2 税率の改正は、課税価格10億円以上の人に重大な影響
3 小規模宅地の面積拡大は、影響は限定的
4 祖父母から孫への教育資金贈与は、使い勝手がよければC世代に影響大
5 相続時精算贈与は、相続税がかからない人のための制度。影響は限定的

○ 重大な影響を及ぼす
● 一部の人に重大な影響を及ぼす
△ 少しの影響を及ぼす
▼ 一部の人に少しの影響を及ぼす
□ 影響は限定的
× 影響なし

ただ、70代前半の親は、相続などまだ先だと考えています。そこに難しい面があります。そう考えると、〝相続対策適齢期〟というのは、意外に短いのです。本人の意思がはっきりしているうちで、相続まで遠くないなという年代です。ですから、適齢期という面では、70代後半ではないかと考えます。

「被相続人の年代割合」の欄には、パーセントの数値が表示されていますが、これは、私どもで取り扱った事例データから算出した、親世代に相続が発生する確率です。この数値が高いほど、早めの相続対策が必要であることを示しています。

この数字を見ると、B世代が、今後、1年間に相続が発生する確率が50％と最も高いことが分かります。ここからも、親が70代、子どもが40代が〝相続対策適齢期〟という意味がお分かりいただけるでしょう。

また、年代によっては、2つの立場に該当する場合もあります。たとえば、現在、60代であれば、A世代のところでは相続人として関わってきますし、D世代のところでは被相続人として関わってきます。

●親孝行こそが最大の相続税対策

相続対策が必要であることが分かったからといって、子どもから親に「相続対策をしてほしい」と言っても、なかなかうまくいきません。

小野健太郎さん（58歳）もそんなひとりでした。両親は健在ですが、父親は88歳、母親は83歳であることを考えると、正直、相続のことが気になります。しかし、父親に面と向かって相続の話をするのはためらわれます。そこで、私どもに相談に来られたのです。

小野さんは、開口一番、こう言われました。「子どもとして、してはいけないことは何でしょうか？」この言葉を聞いて、私は、小野さんが両親の気持ちをとても気遣っていることが分かりました。

そこで私は、次のように答えました。

「これまで、多くの相続手続きをお手伝いした経験から、遺言を勧めたり、『相続対策をしてくれ』と言ったり、これ見よがしに相続の本を机の上に置いたりしないほうがいいみたいですね」

誰しも、自分が死ぬことを考えるのは嫌です。相続対策とは、自分の死を前提にしたものですから、できるだけ考えたくないものなのです。

小野さんは、さらにこう質問されました。

「では、したほうがいいことは何でしょうか？」

私は「親に取材することです」と答えました。まずは親の話し相手になり、これから何をしたいのか聞いてみる、さらに、いま気になっていることを聞くのです。

小野さんは、少し首を傾げ、さらに質問をぶつけてきました。

「それが相続対策とどう関係するのでしょうか？」

「88歳のお父様の心境を考えますと、残された時間をいかに充実させるか、そこがポイントです」そう答えると、私は1つの事例を紹介しました。

仮にAさんとします。Aさんは55歳で父親は85歳です。Aさんは、父親に「何をしたいか」ということを聞きました。すると父親は、好きな絵画に囲まれて過ごしたいと言ったのです。父親がこれまで自分で絵を描いたり、好きな絵を集めたりしていたことは、Aさんも知っていました。

そこでAさんは、父親が描いた絵や集めた絵を展示する記念館を作ったらどうかと提案しました。父親は大喜びです。そこでAさんは、父親の代わりに計画を立て、必要な手配を行い、記念館が完成しました。

それを見た父親は、涙を流して喜んだといいます。この記念館の建築費は、総額で1億7500万円ほどでした。相続税評価額の基となる固定資産税の評価額は、その60％程度ですので、これは、手元の1億7500万円の預金が1億500万円の建物に変わったのと同じことになります。つまり、記念館を建てたことで、相続税の課税上、7000万円の財産を圧縮することができたのです。

「節税はいいけれど、預金を使って記念館を建てたら、その分、肝心の相続財産が減ってしまうではないか」と思う人もいるかもしれませんね。確かに財産だけを見れば、その通りです。

しかし、そこまでしてくれた息子の将来を、父親が考えないはずはありません。それをきっかけに相続対策を始める場合もありますし、孫に贈与をするケースもあるでしょう。

私は、相続のお手伝いをすればするほど、**親孝行こそが最大の相続対策**になるという確信を強めています。父親に喜ばれることをして、その結果、相続対策になったという方の事例は多いのです。

「親孝行、計ってみれば数千万円」と言えるのではないでしょうか。

●遺産分割でもめるとどうなる？

遺産分割協議が成立しないとどうなるでしょうか？　相続人の話し合いでまとまらなければ、家庭裁判所での**「調停」**となります。調停は、当事者同士では問題が解決しないとき、家庭裁判所の調停員が間に入って、話し合いで解決する方法です。

調停でも解決しないときは、**「審判」**になります。これは家庭裁判所の判決のようなものです。審判でも誰かが不服のままであれば、その後は裁判で争うことになります。最後は裁判の**「判決」**で決着することになります。

このように、最終的な判決までいくには、相当な時間がかかるわけですが、もめている間、相続資産はどうなるのでしょうか。影響の大きいものを挙げると、次のようになります。

①預金が引き出せない
②土地の有効利用がしにくい
③相続税の特例が使えない（配偶者の税額軽減、小規模宅地等の評価減など）

遺産分割が長引くと、全員が損をするのは目に見えています。ですから、申告期限の10カ月を守るというのは、重要なポイントになります。裁判で争ったとしても、多くの場合、判決は「法定相続分が妥当」ということになります。争っても、最終的に法定相続分となるのであれば、時間や労力を無駄にしないためにも、早めに決着したほうがいいと言えます。

●──相続対策を親に切り出すための準備法

争っても何も得することはない、それが分かっていても、もめてしまうことはあります。損得よりも感情論になってしまうからです。もめないためには、どうすればいいでしょうか。〝争族〟を〝爽族〟にするための3つの準備をお勧めします。

〈争族を爽族にするための3つの準備〉

①両親から取材
②相続遺産分割事例を学ぶこと
③兄弟姉妹への気配り実行

実は相続対策に関心があるのは、50~60代の子ども世代です。しかし、対策を実行するのは80~90代の親世代です。80~90代の人が相続対策を実行しようという気持ちになるためには、いくつかの壁があります。その壁を取り払うために、先ほども申し上げた〝取材〟が必要になります。

いきなり、「相続対策のために遺言を書いてくれ」などと子どもに言われても、親は素直に書く気にはなりません。そこに行くまでには、いくつかのステップを踏んでいくことが必要です。

たとえば、認知症になったらどうしようか？　介護施設はどうしようか？　終末医療をどうしようか？　とくに終末医療は、話題になっていますから、80～90代の親世代はとても気になっています。

こういう話は夫婦だけでしても解決しません。年齢が近いですから、最悪、夫婦がほぼ同時に認知症になってしまうかもしれません。そう考えると、この種の話は、子どもにしておいたほうがよいことは、親も理解しています。ただ、自分からは切り出せない。子どものほうから聞いて欲しいのです。

エンディングノートや遺言というのは、その次のステップです。ほとんどの親は遺言など書きたくないのです。私どもで扱ったケースで言うと、相続が発生したときに遺言があったケースは、11％しかありません。

相続の専門家の立場からすれば、「遺言は書かないもの」というのが常識です。書かないというより、「書けない」と言ったほうが正確かもしれません。

本当は親と子どもが相談しながら遺言を作成するのがいいのですが、なかなかすぐに遺言を書くというステップに進むことはできません。ですから、まずは親に取材をして、相続対策へのきっかけをつかむのがよいと思います。

●兄弟姉妹の立場と思いに配慮しよう

2つめは、相続の遺産分割事例を学ぶことです。

相続でもめるのは、**「お金」「愛情」「本家」の奪い合い**によるものが大半です。お金の奪い合いは分かりやすいと思いますが、実際には、愛情の奪い合いも多いのです。

愛情というのは何かというと、たとえば、長男は学校がすべて公立だったとします。逆に次男はすべて私立だったような場合には、長男の言い分としては、「弟は私立でお金がかかっているんだから、相続財産は自分が多くても当然じゃないか」ということになるわけです。

これは、教育費の多寡の問題だけではありません。親がどのように愛情を注いできたか、それが気になっているわけです。私立に行かせてもらった弟のほうが、より多くの愛情を受けていたように感じ、長男は不満に思ってしまいます。

これは女性も同じです。愛情の奪い合いはよく起こります。「妹はずるい、あの着物ももらったし、あの帯締めももらった」などと、形見分けをめぐって不満が出てきがちです。

本家というのは、家の跡継ぎ、先祖代々の墓守りをする役割のことです。本家と分家の間で争いが起こります。分家は、「財産は平等に法定相続分で分割するべき」だと主張しますし、本家は、「残された親の面倒もみて、債務も墓守りも引き継ぐのだから、財産を多めに相続してもいいではないか」と考えます。この意識の食い違いが、もめ事のタネになります。

それぞれの相続人が、それぞれの立場でどのようなことを感じているのかを理解しておくと、トラブルが起きそうになったときにも、円満に解決するための方法が見つかりやすいものです。

３つめは、兄弟姉妹への気配り実行です。

たとえば、兄弟みんなが集まる会食のときなどに、同居長男が弟や妹たちに交通費とお土産を渡すことは大事です。それほど高価なものでなくて構いません。気持ちの問題です。食事会の度に渡せば、弟や妹たちも悪い気はしません。

そういう気遣いが、いざ相続となったときに効いてきます。「兄貴には、いつも世話になっているからな」という気持ちになるのです。これは、私たちがプロとして相続とかかわってきたなかで、実感していることです。

逆に、弟や妹たちは同居長男への気配りも必要です。とくに長男の嫁、義理の姉へつねに感謝の気持ちを示しておくのは効果的です。出張が多い人であればその都度、帰りの飛行機を待つ時間に、ちょっとしたお土産を送るだけでいいのです。

義理の姉は自分の両親と同居して、いつも面倒を見てくれているのです。その感謝の気持ちをお土産という形で、出張の度に年に何回も送ったら、もらうほうは悪い気持ちはしません。

互いにこのような気配りをしておくことが大事です。いざというときもめないための最大の対策だと思います。

●――親のこんな言葉には気をつけよう

親が会社を経営している場合などは、子どもたちには、みんなが手を携えて会社を守り立てて欲しいと考えがちです。しかし、子どもたちはそれぞれが自立しているわけですから、どうしたらいいか分かりません。

親がはっきり「お前が後継者だ」と長男に任せ、次男には「長男を手助けするように」と言うならまだいいのですが、「兄弟2人で会社を守り立てて欲しい」と言われれば、トラブルの元になるケースがあります。

これはビルを1棟持っているような場合も同じです。ビルは分けることができないので、親が「兄弟みんなで仲良く相続して欲しい」と言う場合があります。その言葉に従って、相続の際に共有にしてしまうと大変です。

たとえば、4階建てのビルを4人の兄弟で4分の1ずつ共有すると、将来、意見が合わなくなる可能性があります。誰かが売却したいと思っても、他の兄弟が同意しなければ、売ることはできません。

その場合には、区分所有という方法があります。1階は長男、2階は次男、3階は長女、4回は次女というふうに分ければ、それぞれが建物とそれに相応する土地を所有することになります。売りたい人は、区分所有権を売却できるので、他の相続人の同意は必要ありません。

●──教育資金贈与は「すべての孫に平等に」がトラブルを防ぐ

教育資金の贈与をする際に、親は、同居長男の孫だけに贈与したり、定期的に遊びに来る孫だけに贈与したりしがちです。親にしてみれば、相続税対策をしているつもりはなく、孫の喜ぶ顔が見たいから贈与をしているのです。

しかし、子どもの側からしてみれば、もらった孫ともらっていない孫がいれば、差別だと感じてしまいます。できる限り、孫には平等にするのが、いらぬトラブルを防止するための秘訣です。

親の立場でも、子どもたちが相続でもめることは望んでいません。しかし、心の中ではそう思っていても、相続対策を実行するかどうかは別問題です。自分が死ぬことは想像したくありませんし、相続対策を実行することは楽しくないので、なかなか実行に移せないのです。

ですから、遺言を書こうと思う親も少ないのです。遺言を書こうと思うのは、気に入らない相続人が出てきたときです。

私はいつも、子ども世代の人にこう言います。

「あなたが80歳になったときのことを考えてみると、きっと気づくことがありますよ」

80歳にもなれば、子どもたちはすでに50代でしょう。それぞれ自立して生活しています。そのときに相続対策を考えるでしょうか？　親の立場になって考えてみることは重要です。

●──同居長男は、親が認知症になったらここに注意

以前は、「家を継ぐ」ことと「親の面倒をみる」ことが合致していました。長男が親の面倒を最後までみたのだから、家を継ぐのは当然と、弟や妹たちも理解していたのです。

しかし、最近は認知症が多くなり、その事情も変わってきています。昔は合致していた頭の耐用年数と身体の耐用年数が、医学の進歩で食い違ってしまい、身体の耐用年数のほうが長くなったおかげで、認知症が増えてしまっているのです。

認知症になってしまった場合には、どんなにやさしい子どもや嫁であっても、親の面倒をみるのは困難です。徘徊してしまう場合もありますし、トイレと部屋の区別がつかなくなってしまう場合もあります。

そうなってしまえば、介護施設に入居させざるを得ません。長男が同居している場合でも、仕方なく施設に入れるわけですが、それを見た弟や妹たちは、「なんだ、親の面倒をみると言うから家を譲ったのに、約束が違うじゃないか!」ということにな

ってしまいます。

一度でも親と同居したことがある人であれば、「認知症になれば、施設に入れざるを得ない」ということに理解を示してくれるかもしれませんが、弟や妹たちは認めてくれません。「追いやった」とか「入れちゃった」などと、同居長男が非難されることになります。

私どもに相談に来られたある人は、兄弟から非難されるのは嫌だから、「親を施設に入居させるのと同時に、自分たちも家を出る」と言っていました。

そうならないためには、親の介護が必要になったときに、兄弟みんなで相談することです。親がいま、どんな状態なのかを、弟や妹たちにも理解してもらうのです。施設に入居させる必要があれば、兄弟みんなで見学に行くといいでしょう。

「入れちゃった」などと言う人に限って、親の状況も知らなければ、実際に施設を見たこともない場合が多いものです。いまは、設備が充実し、サービスやケアも至れり尽くせりで手厚い施設がたくさんあります。

費用についても、みんなで話し合うべきです。急に介護が必要になってしまうと、親のお金で払うか、もしくは同居長男がとりあえず費用を負担してしまうこともあるのですが、それも、後々トラブルの元となります。

●──長女や次男は、同居長男の使い込みに注意すべき？

一方で、同居している子ども、たとえば長男が親の預金などを使い込んでしまっていることもよくあります。私どもにも、「兄が親の預金を使い込んでいる気がする」という相談が寄せられることがあります。

普通は、身内の恥になるようなことは、なかなか相談しにくいものです。それでも相談に来るということは、それなりの確証があるケースがほとんどです。たとえば、「母親は1億円くらい持っていたはずなのに、長男に聞いたら、2000万円しかないと言う。何かおかしいので調べてほしい」というようなケースもあります。

そのような相談を受けた場合は、私どもの税理士法人で調査を行います。調査方法は、税務署の調査と同じです。親の口座から大口のお金が出て行った履歴を調べます。

これは、一定の手続きをして銀行に依頼をすれば、顧客元帳と呼ばれるデータでもらえます。

そして、出て行ったお金の行先を追いかけます。すると、長男名義の預金口座だったりします。３０００万円の引き出しがあって、同日に長男の預金が３０００万円増えていれば、預金の移動は明らかです。

もし、使い込みが明らかになったとしても、その時点で返還させるのは難しいケースが大半です。親の口座から移動させた預金は、すでに使われてなくなってしまっていることが多いからです。

そのような場合には、相続の遺産分割のときに清算します。長男が相続でもらうはずだった財産を先取りしてもらったと考えて、長男の受取り分を差し引いて、配分するのです。

長男が親の了解もなく、勝手に使い込んでしまった場合はともかく、生前に親から特別な援助を受けていた場合を**「特別受益分」**といいます。たとえば、次男にだけ、マイホーム取得資金や事業資金を援助していた場合などです。

図表19：特別受益分がある場合の「持ち戻し」の概念図

（相続人は子どもA、Bのみの場合）

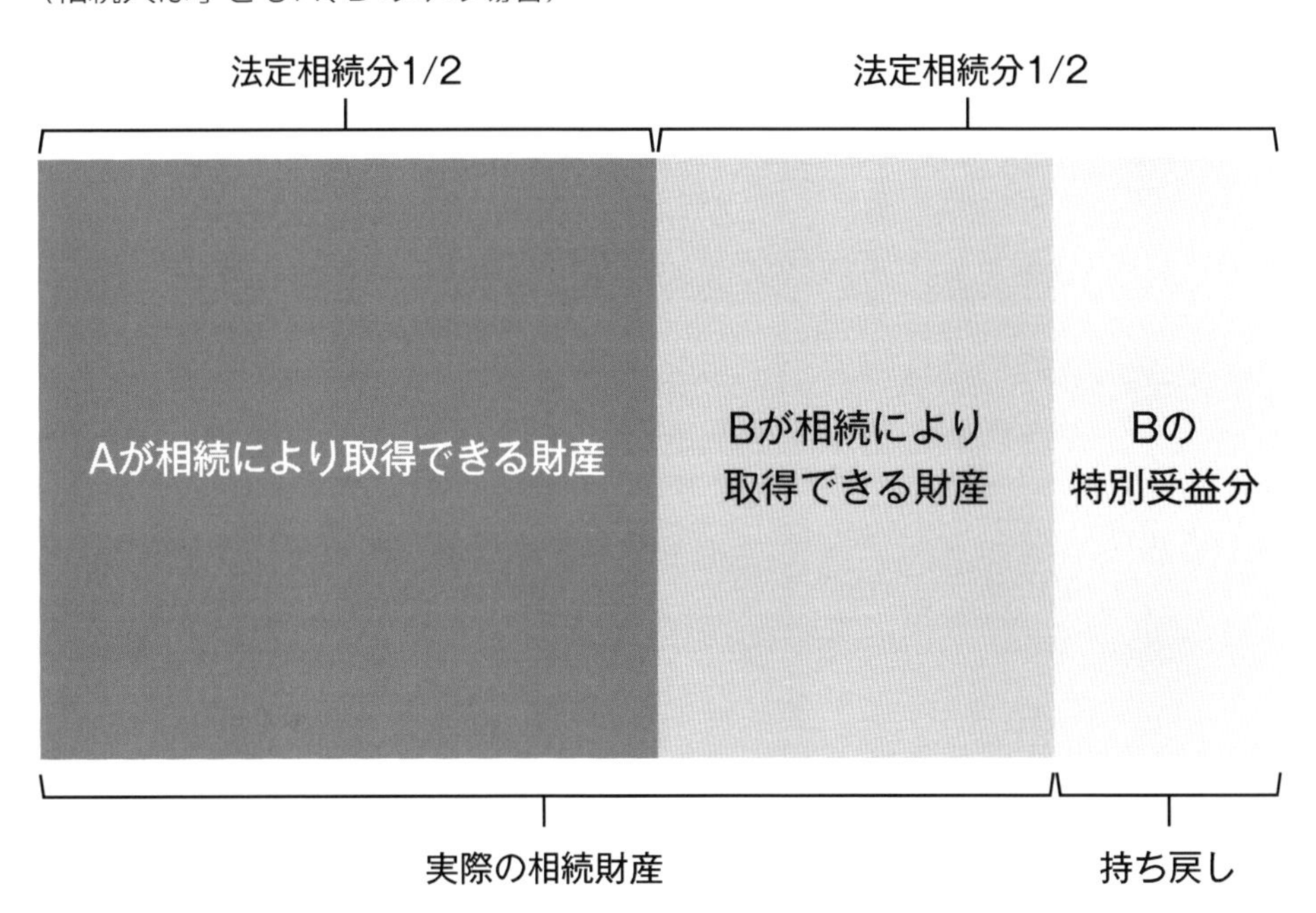

特別受益分がある場合には、その金額を計算上いったん相続財産に戻します。これを**「持ち戻し」**といいます。その上で遺産分割の配分を決め、特別受益分を受けていた相続人は、その分を差し引いた額を受け取ることになります。これは、相続人間で不公平感をなくすための制度です。

実際にこんなケースがありました。

相続人が長男と妹で、私どもは、妹さんからの依頼で、妹さんの分の相続税の申告を行うことになったのです。通常は、1人の税理士あるいは税理士事務所がすべての相続人の申告を行います。しかし、相続人が遺産分割でもめている場合には、それぞれが別の税理士に依頼することもあります。このケースも、長男と妹が別々の税理士に依頼することになりました。

そこまでもめてしまった理由の1つは、親の預金です。妹さんは、長男が親の預金を隠しているという確証がありました。そこで、「親の預金があると仮定して、申告をして欲しい」というのです。

おそらく長男は預金はないとして、申告をしてきます。すると、長男と妹の申告内容が異なります。その申告書を受け取った税務署は調査をせざるを得なくなります。そうなれば、「長男の隠している預金が明らかになるだろう」というのが妹さんの考えだったのです。

兄弟の誰かが遺言を偽造するということもあります。たとえば、長男が自分に有利な遺言を書いて欲しいと思っているが、父親は書いてくれない。しかし、同居長男であれば、実印を持ち出すことができる場合もあります。印鑑証明も取得できます。

そんな場合に、父親になりすました人物を長男が公証人役場に連れて行き、自分に有利な遺言を作成させることもあります。本人確認は、印鑑証明と実印でＯＫなので、決して望ましいことではありませんが、なりすましが可能なのです。遺言の作成には2人の証人が必要ですが、証人は公証人役場の人に頼むことができます。これは現在のシステムの不備だと思いますが、遺言は偽造できてしまう場合もあるのです。

第6章　生前にもらうvs.相続まで待つ——どっちが有利？

●税制改正の狙いは1500兆円の〝解凍〟

今回の税制改正では、親から子どもへ、あるいは祖父母から孫へ、財産の贈与がしやすくなっています。そこには大きな狙いがあります。

日本人が保有する個人資産は、全体で1500兆円あります。これは、日本の国家予算の十数年分に相当しますから、ものすごい額です。

この財産が少しでも消費に回れば、日本経済もよくなるはずですが、実際は、なかなかそうはなりません。というのも、1500兆円の多くは高齢者が保有しているからです。高齢者は、なかなか消費をしません。1500兆円の多くは金融機関の金庫に眠ったままなのです。

相続が発生すれば、資産は少しずつ子ども世代に移転していきますが、時間がかかります。そこで贈与を優遇し、前倒しで子ども世代に移転させ、どんどん使ってもらって、日本経済を復活させようというわけです。

その制度を上手に活用すれば、有利に財産を親から受け継ぐことができるわけですが、さまざまな特例があり、迷ってしまいます。この章では、親から有利に贈与を受けるためにはどうしたらいいのかを紹介します。

●――暦年課税贈与なら毎年110万円まで非課税

贈与を受けるときの方法には、次の2つがあります。

〈贈与を受けるときの2つの方法〉

① 暦年課税

② 相続時精算課税

「暦年課税」は、贈与を受けた年ごと1年単位で贈与税の申告も行い、その時点で納税の手続きを完了する方法です。**「相続時精算課税」**は、生前に贈与を受けた分の贈与税もとりあえず保留にしておき、相続が発生したときに、贈与分も含めて相続税を計算する、という方法です。

「暦年課税」の最大のメリットは、毎年110万円の基礎控除があることです。1年間に110万円の範囲内であれば、無税で贈与を受けることができるのです。毎年、定期的に贈与を受けていけば、10年で1100万円、20年で2200万円の贈与を非課税で受けることができます。

毎年、贈与税の申告を行っている人は、三十数万人います。相続税を支払う人が毎年十数万人であることを考えると、暦年課税を利用して贈与を実践している人は、多いと言えるでしょう。

暦年課税で贈与を受けている人のうち、約8割の人は、贈与額が年間400万円以下であることは、第1章でお話ししました。しかし、相続税まで含めたトータルの節税効果という面で考えると、実は、年間400万〜600万円程度の贈与を受けるのが、最も効果的なのです。

図表20は資産3億円のAさんが、子どもに毎年110万円の贈与を行っていった場

図表20：暦年課税の贈与は年間400万〜600万円が最も効果的

Aさん
年に110万円の
贈与を10年間

贈与年数	贈与金額	贈与税額
1年目	110万円	0円
2年目	110万円	0円
3年目	110万円	0円
4年目	110万円	0円
5年目	110万円	0円
6年目	110万円	0円
7年目	110万円	0円
8年目	110万円	0円
9年目	110万円	0円
10年目	110万円	0円
10年分累計	① 1,100万円	② 0円
相続税減少分（①×限界税率 32.5％）		③ 約360万円
最終的な節税額（③－②）		**約360万円**

Bさん
年に400万円の
贈与を10年間

贈与年数	贈与金額	贈与税額
1年目	400万円	33.5万円
2年目	400万円	33.5万円
3年目	400万円	33.5万円
4年目	400万円	33.5万円
5年目	400万円	33.5万円
6年目	400万円	33.5万円
7年目	400万円	33.5万円
8年目	400万円	33.5万円
9年目	400万円	33.5万円
10年目	400万円	33.5万円
10年分累計	① 4,000万円	② 335万円
相続税減少分（①×限界税率 32.5％）		③ 1,300万円
最終的な節税額（③－②）		**965万円**

＊限界税率は平成27年以降の相続、かつ相続人が配偶者と子ども２人の場合の１次相続・２次相続の合計

合と、同じく資産3億円のBさんが毎年400万円の贈与をしていった場合の、最終的な節税額を比較したものです。

年間110万円を贈与していった場合は、10年間で1100万円の贈与になります。これは基礎控除の範囲内ですから、贈与税はゼロです。結果、相続財産は1100万円減少して、相続税の節税額は約360万円になります。

一方、毎年400万円の贈与を行ったBさんの場合、贈与額は合計で4000万円となります。この贈与に対する贈与税は、335万円かかります。このときの相続税の節税額は1300万円に上りますので、差引き965万円の節税効果が得られることになります。

ご覧のように、毎年の贈与には贈与税がかかっても、相続までトータルで考えれば、Bさんのケースのほうが有利になるのですが、この方法は、ほとんど利用されていません。単純に、あまり知られていないということもあるでしょうが、それ以外にも、3つほど理由が考えられます。

1つめは、目の前の贈与税を支払うのは嫌だという、感情的な理由です。相続時まで見据えた節税を考えるというのは、確かに先々そのほうが得かもしれないけれど、まだ実感がありません。それに対して、いますぐ税金を支払うのは、損をした気分になってしまうのです。

2つめは、贈与する側の親が、高額の贈与をためらってしまうのです。毎年400万〜600万円の贈与をすると、子どもが自立しなくなってしまうのではないかという不安感があります。

3つめは、子どもや孫のうち、1人だけに贈与をすると、トラブルが起こりがちだからです。かといって、全員に毎年400万〜600万円の贈与をするのは、金額的に大変です。それなら、110万円以内にしておいたほうがいいのではないか、と考えてしまうことも多いでしょう。

子どもにしても、「毎年400万円の贈与が得らしいよ」とは、なかなか言えません。もし言ったとすれば、親はおもしろくないでしょう。本当に有利な対策と実践している対策には、すれ違いが生じてしまっています。

●——110万円の贈与が相続時に否認されるケースもある？

暦年課税の基礎控除である110万円の範囲で、毎年贈与を実行している人は多いのですが、結果的に名義預金と見なされて、相続時に税務署に否認されるケースも少なくありません。名義預金というのは、親が子どもの名義で預金をしていたということです。贈与を否認されると、贈与はなかったものと見なされ、相続の際に相続税がかかることになりますので、注意が必要です。

たとえば、100万円を子どもに贈与したとします。贈与というのは、一種の契約です。贈与をする人がいて、贈与を受ける人がいて、互いに「お金を渡します」「受け取ります」という認識がなければ、契約は成立しないのです。必ずしも文書は必要ありませんが、互いに認識していたことを証明しなければなりません。

しかし、相続が発生したときには、贈与をした側の親は亡くなっているわけです。ですから、贈与を受けた子どもだけが「確かに贈与を受けました」と言っても、説得力は半分です。

税務署は、「あなたが父親の預金を勝手に移しただけではないですか？」と疑います。実際に、親が高齢になると、子どもが親から印鑑を預かっているケースも多く、勝手にお金を移すことも起こりがちなのです。

名義預金には時効はありません。何十年でもさかのぼって調査が行われます。ですから、１１０万円の基礎控除の範囲内で贈与をするときは、将来、否認されないように、慎重に行う必要があるのです。

否認されないためには「贈与をした」「贈与を受けた」という証拠を残しておくことです。一番よい証拠は、１１０万円を少し超えて、贈与することです。

たとえば、毎年１２０万円贈与すれば、10万円分には贈与税がかかりますので、贈与税の申告が必要になります。この場合、税率10％で贈与税は1万円になりますので、申告して納税します。これは最高の証拠づくりになります。他ならぬ税務署が、贈与があったことを証明してくれるわけです。

ただし、毎年決まった額を決まった時期に贈与し続けると、相続時に**「連年贈与」**と見なされて、否認されるケースもありますので、注意が必要です。

もし、1万円でも支払うのが嫌だというのであれば、父親と子どもで贈与契約書を作る方法もあります。ただし、勝手に作っただけでは、日付の証明ができません。「後で契約書だけ作ったのではないか」と税務署に疑われる心配があります。

そこで、作成した契約書を持って、公証人役場に行きます。公証人役場では、日付の確認ができます。これが、契約書を作成した日付の証明になるのです。ただ、毎年贈与を行うのであれば、毎年、贈与契約書を作成し、その都度、公証人役場で証明をしてもらう必要がありますので、手間はかかります。

他の方法としては、税理士にメールを送るというのもいいでしょう。日頃から相談している税理士がいれば、贈与した親が「贈与しました」というメールを送っておくのです。メールの送受信記録は後からはいじれませんので、状況証拠になります。

親子間で「贈与しました」「贈与を受けました」というメールを送り合う方法でも証拠にはなります。親が高齢でメールが使いこなせないというのであれば、手紙でもよいでしょう。

●──節税を考えるなら、1代とばしの贈与が効果的

子どもではなく、孫が贈与を受ければ、より節税効果は高くなります。

通常であれば、親から子どもへ贈与し、さらに何十年か経過した後に、子どもから孫に贈与をするという形で、財産を引き継いでいきます。これだと、世代を超えるたびに税金の対象となります。しかし、親から孫に直接贈与をすれば、税金の対象となる回数を1回、少なくすることができます。ですから、1代とばしの贈与は効果が大きいのです。

ある名家では、これを代々続けています。曾祖父が父親に、祖父が子どもに、父親が孫にと、1代とばしで贈与することを家訓としているのです。40～50代の父親にしてみれば、何かと物入りな時期に、子どもの養育・教育のためのお金の心配をする必要がないのは助かりますし、自分も祖父から贈与を受けたわけですから、父親が自分ではなく子どもに財産を残すことも、自然に受け入れられます。

ただ、孫に贈与する際には、注意しなければいけないこともあります。孫の自立を

妨げない工夫をするということです。孫にしてみれば、祖父から多額の贈与を受け、働かなくても食べていける状況であれば、怠惰な生活になってしまうかもしれません。あるいは、ギャンブルで身をもち崩してしまうこともあるでしょう。

とくに男子の場合は、拘束がないと生活が乱れやすいものです。親の拘束があるからこそ、自立するようです。これは結婚後も同じです。母親から妻へ引き継ぎがうまくいき、妻がしっかりと拘束していれば、夫はフラフラしません。

親として、子どもを自立させるための最大のポイントは、結婚させることではないかと思えてしかたがありません。少し相続税の話から横道にそれてしまいましたが、これは日ごろ、相続に携わっていて、私が痛感していることなのです。

●――相続時精算課税制度は、納税の先送りに過ぎない

相続時精算課税制度を一言で言うと、2500万円までは無税で贈与が受けられる制度です。しかし、完全に無税なわけではありません。贈与のときには無税ですが、

相続が発生したときには、贈与分も相続財産に合算して、相続税を計算します。ですから、納税を先送りにしているに過ぎないのです。

2500万円までであれば、何年かに渡り分割して贈与をしても、贈与税はかかりません。2500万円を超える贈与を受けた場合には、その超過分に対して一律20%の贈与税がかかりますが、これは相続税の仮払いのようなものです。相続時には、相続税からすでに支払った分の贈与税の額を差し引くことができますので、贈与財産の価格変動がない限り、損得はありません。

相続時精算課税制度を利用するためには、次のような条件があります。

〈相続時精算課税制度を利用する条件〉

① 贈与する人は60歳以上の親であること

② 贈与を受ける人は推定相続人である20歳以上の子ども・孫であること

※平成26年までの相続の場合、①は65歳以上、②は子ども及び代襲相続人である孫とされています。

なお、**「推定相続人」**とは、現状のまま相続が開始された場合、相続人になるべき人のことです。

暦年課税か相続時精算課税かは、どちらかしか利用できません。一度、相続時精算課税を選択すると、暦年課税には戻れませんので慎重に考える必要があります。また、相続時精算課税制度を選択すると、暦年課税の年間110万円の基礎控除も使えなくなります。

●相続税がかかるなら暦年課税が有利!?

結局、暦年課税と相続時精算課税、どちらを選べばいいのでしょうか。

簡単な判断方法としては、将来、相続税がかかるかどうかを考えて選択するのがよいでしょう。相続税がかかるかどうか、おおよその判断をする方法は、第3章で紹介しています。まずはその判断をし、相続税の心配がなければ、相続時精算課税制度を選択、相続税がかかる可能性があれば、暦年課税を利用します。

相続時精算課税制度は、親から生前に贈与を受けた分も、相続時に一括して相続税を計算する制度です。将来、相続税がかからないのであれば、2500万円までは贈与も無税でできることになり、この制度を利用したほうが有利になります。

一方、将来、相続税がかかる見込みであれば、暦年課税の基礎控除を利用して、相続財産を減らしておくのが効果的です。

ただし、相続税がかかる場合でも、値上がりの可能性が高い財産を所有している場合には、相続時精算課税のほうが有利になるケースもあります。相続時精算課税では、贈与分も相続時にまとめて相続税を計算しますが、贈与分の相続税評価額は、贈与時点のものが適用されるからです。

たとえば、親が賃貸アパートを所有していて、贈与を受けたとします。贈与時点の相続税評価額は5000万円です。その後、区画整理が進み、土地価格が上昇し、相続時には、贈与を受けたアパートの評価額が7000万円になっていました。その場合でも相続税は5000万円で計算することができます。

このように、値上がりしそうな財産は、相続時精算課税を利用して早めに贈与を受けたほうが有利ということになります。

逆に、相続時に値下がりしていたとしても、贈与時の評価額を利用しますので、値上がりが確実な財産でなければ、損をする可能性があります。

実際問題、相続時精算課税制度に関する意識は高くありません。一般の人には、「贈与しても贈与税がかからない制度」という程度の認識しかないのです。贈与税はかからなくても、相続時に贈与を受けた財産も合算して相続税の対象となります。ですから、私たちは〝行きはよいよい帰りは恐い税〟と言っています。贈与のときはいいけれど、相続時に大変という意味です。

贈与を受けた財産は、相続が発生するまでには使ってしまっているケースが大半です。この章の冒頭でも述べた通り、それが国の狙いでもあります。しかし、使ってしまってもう手元にはないお金の相続税を支払うというのは、精神的に苦痛です。

このように、損得の面で言うと、相続時精算課税でメリットがあるケースは限定されます。前述のように、1つは、財産が少なく相続税の心配がない場合です。

今回の相続税法の改正で、基礎控除の引き下げがありましたが、今後さらに基礎控

図表21：暦年課税と相続時精算課税の比較

	暦年課税	相続時精算課税
贈与税の計算	贈与額から基礎控除の110万円を差し引いた額に税率を掛けて計算。	2,500万円の贈与まで無税。 ※2,500万円を超えた分は20%の贈与税がかかる。
贈与税条件	条件なし。	60歳以上の親から20歳以上の子ども・孫への贈与。＊2
相続税との関係	相続税とは切り離して計算。 ※相続開始前3年以内の贈与は相続税の計算に加算。	相続税の計算時に贈与税を精算。 ※精算時の贈与財産の評価は贈与時の時価となる。
節税効果	毎年、110万円（基礎控除）までの贈与は無税。	相続税は贈与時の時価で計算されるので、相続時に時価が上がっていることが見込まれるものを贈与すると節税効果がある。
制度の選択	暦年課税から、相続時精算課税制度への移行はいつでも可能。	一度、相続時精算課税制度を選択すると、暦年課税には戻れない。
税率	10～55%＊1	一律20%

＊1　平成26年までは10～50%

＊2　平成26年までは65歳以上の親から20歳以上の子ども及び代襲相続人である孫への贈与

除が引き下げられる可能性もあります。ですから、もう1段くらい、基礎控除の引き下げがあったとしても、その範囲内に相続財産が収まる人であれば、無税で贈与ができますので、メリットはあります。

また、もう1つは、値上がりの可能性が高い財産を所有している場合です。たとえば、駅前の土地を所有していて、再開発などが行われていれば、いずれ区画整理が行われ、土地の交換をしてくれる可能性が高くなります。そのような場合、一気に土地の価格が上がる可能性が高いのです。道路がきれいになって、使い勝手がよくなるからです。

将来、ほぼ上がることが分かっていれば、相続時精算課税はいまの安い価格で評価をしてくれますから、有利になる可能性があります。

●租税回避行為は結局、得策ではない

支払う税金はできるだけ少なくしたい――。これは誰しもの本音だと思います。私たち税理士もそのお手伝いをします。しかし、どこまでがまっとうな節税で、どこからがやるべきではないことなのか、その線引きは難しいものです。法律に触れなければ、どんな方法でもよいのかというと、そうではありません。

節税というのは、**常識的な行動をしていたにもかかわらず、結果的に税金が安くなった場合**のことを言います。非常識な行為をして税金を減らした場合、それが違法であれば脱税となり論外ですが、仮に合法であったとしても、まっとうな節税とは言え

ません。そうした行為は、税務署に**「租税回避行為」**と見なされます。

法律に違反していなくても税務署は裁判に持ち込んできます。裁判では、必ずしも税務署の主張が通るわけではありませんが、裁判になれば時間もかかりますし、精神的な負担も少なくありません。

さらに税務署は、裁判で負けてもあきらめません。今度は税法の改正に乗り出します。税法が変われば、その後は、同じ方法は使えなくなります。そんなことの繰り返しです。ですから、租税回避行為と見なされるような対策は、結局は、納税者の首を締めることになり、得策ではないのです。

節税はいいのですが、租税回避行為はつまらない結果をもたらします。節税を税務署相手のゲームにするのはセンスがないと思うのです。「常識的な行動をしていたにもかかわらず、節税になった」というのが美しい。ただし、世の中の常識というのはつねに変化しています。ですから、世の中の動きには、敏感になっている必要があります。

●——教育資金贈与の非課税は平成27年まで

平成25年4月1日から平成27年12月31日までの贈与に限定されますが、祖父母・父母から30歳未満の子ども・孫に教育資金をまとめて贈与した場合、1500万円までが非課税になります。

ただし、父母が子どもの教育費を払うのはある意味で当然であり、民法が定めた扶養義務の範囲とも言えるわけで、この制度が想定しているのは、実際には祖父母から孫への教育資金の贈与である、と見なして差し支えないでしょう。

もともと、教育資金は、祖父が孫の入学金を負担したり、授業料を負担しても贈与税はかかりません。では、今回の非課税制度は、どんな意味があるのでしょうか。

従来の贈与でも、教育費が必要になったその都度贈与する場合には、贈与税がかかりません。しかし、先々必要になるであろう教育資金をまとめて贈与を受けた場合は、贈与税の対象となります。ところが今回の非課税制度では、1500万円までであれば、まとめて贈与を受けても非課税になったのです。

もちろん、贈与を受けたお金は教育資金に使わなければなりません。そこで、本当に教育資金に使われたかどうかをチェックする必要があります。その役割を担当するのは金融機関になります。教育資金の一括贈与の信託の受け入れ先は、信託銀行、銀行、証券会社の3つです。これ以外のところでは扱いません。

仮に祖父から孫が1500万円の教育資金贈与を受ける場合、祖父は金融機関に信託という形でそのお金を預けます。贈与を受けた孫は、教育費が必要になった時点で、金融機関から引き出して使います。ただし、資金の使いみちが塾や習い事の費用の場合は、500万円が非課税の限度となります。

「かわいい孫のために、多少なりとも財産を残してやりたいが、あまり高額な財産を残すと、孫が自立できなくなってしまうのではないか」。そう心配する人も多いでしょう。そんな場合にこの制度を利用すれば、どんな教育を受けるのかは、孫が自由に選択できますが、教育資金以外には使えませんので、贈与したほうも安心できるというメリットがあります。

教育資金を先渡しで受け取ることには、別のメリットもあります。教育費が必要な都度、贈与を受けていると、途中で祖父母が亡くなってしまった場合、それ以降は贈与が受けられません。本来であれば、教育費として無税で受け取れたはずの財産まで、相続財産となり、課税の対象となってしまいます。

その点、この非課税制度なら、教育資金の一括贈与は、孫が0歳でも構いません。途中で相続が発生しても、相続財産に加える必要はありません。たとえば、1500万円の贈与を行い、100万円しか使っていない時点で相続が発生したとしても、残りの1400万円を課税相続財産に含める必要はないのです。

この資金は30歳までに使えばいいことになっています。30歳の時点で口座は閉鎖され、使い残しがあれば、残った分には贈与税がかかります。

●──住宅資金の贈与なら、どの方法がベスト？

住宅取得のための資金の贈与にも特例があります。ただ、複数の特例があるために、混乱している人も多いと思います。ここで整理してみましょう。

まず、祖父母や父母から住宅取得資金の贈与を受けたときに、贈与税が非課税になる特例があります。**「直系尊属から住宅取得等資金の贈与を受けた場合の非課税」**といいます。

非課税になる限度額は**図表22**の通りです。平成25年までの贈与であれば、耐震・エコ住宅が1200万円まで、一般住宅が700万円までの贈与が非課税です。平成26年以降の贈与になると、非課税枠がそれぞれ200万円少なくなります。

この制度を利用するには、次のような条件があります。

〈直系尊属から住宅取得等資金の贈与を受けた場合の非課税を受ける条件〉

①贈与を受ける子どもや孫が20歳以上であること
②取得する住宅の床面積が50~240㎡であること
③贈与を受けた翌年の3月15日までに住宅を取得してそこに住むこと

この制度は暦年課税を利用していても、相続時精算課税を利用していても、どちら

図表22：住宅取得等資金の贈与税の非課税制度

		非課税限度額	
		平成25年まで	平成26年から
住宅種別	耐震・エコ住宅	1,200万円	1,000万円
	一般住宅	700万円	500万円

※耐震住宅とは、耐震等級２以上または免震建築物に該当する住宅
※エコ住宅とは、省エネ等級４以上の住宅
※住宅の床面積は50㎡～240㎡

でも利用できます。暦年課税の場合には、１１０万円の基礎控除も利用できます。

住宅資金の贈与を受ける場合には、この非課税制度を最大限利用するのが有利ですが、限度額を超えて贈与を受ける場合、どのようにすればよいでしょうか。

たとえば、住宅取得資金として２０００万円の贈与を受けるケースで考えてみましょう。平成25年の取得で、取得する住宅が耐震・エコ住宅であれば、１２００万円までが非課税です。残り８００万円には贈与税がかかりますが、この８００万円については、暦年課税と相続時精算課税、どちらを利用するのが有利でしょうか。

この場合には、将来、相続が発生した時点で相続

税がかかるかどうかで変わってきます。相続税がかからないのであれば、相続時精算課税制度を利用すれば、贈与税も相続税もかかりません。

相続時に相続税がかかるのであれば、８００万円は暦年課税で申告したほうが有利になります。実際には、１１０万円の基礎控除が使えますから、６９０万円が贈与税の対象となります。

一般的に、相続発生前3年以内に贈与を受けたものは、相続発生時に相続財産に含めることになっています。つまり、贈与を受けてから3年以内に相続が発生すると、贈与した意味がなくなってしまうのです。

ところが、前述の「教育資金の一括贈与の非課税」と、この「直系尊属から住宅取得等資金の贈与を受けた場合の非課税」は、贈与から3年以内に相続が発生しても、課税相続財産に含めなくていいことになっています。ただし、基礎控除の１１０万円分は3年内加算の対象となります。

国税庁のサイトには、次のように掲載されています。

〈国税庁Q＆A集より〉

■非課税の特例の適用を受けた住宅取得等資金の贈与者の相続財産への加算の要否

Q：住宅取得等資金の贈与者が亡くなった場合、贈与者に係る相続税を計算する際に、非課税の特例の適用を受けた住宅取得等資金は相続税の課税価格に加算するのですか。

A：非課税の特例の適用を受けて、贈与税の課税価格に算入されなかった金額は、相続税の課税価格に加算する必要はありません。（措法70の2）

これは、法律ではありませんが、法律の解釈を国税庁が明示したものです。これが出たとき、私たち税の専門家は驚きました。これが認められれば、被相続人が亡くなるぎりぎりに贈与をしても、相続財産には含まれないことになります。

この解釈は、教育資金の一括贈与の非課税制度にも適用される見込みです。住宅の場合は、相続発生までに資金の贈与を受け、住宅を購入し、引っ越しまで完了させなくてはいけませんが、教育資金の場合は、贈与さえしてしまえば、使っていなくても

ＯＫです。とても使い勝手のいい制度と言えそうです。

これらの特例を利用して贈与を受けてしまえば、将来の相続税の改正の影響を受けないですむというメリットもあります。今後も相続税法は改正される可能性がありま す。そのときに増税になったとしても、すでに贈与を受けてしまった分は影響を受けません。有利な特例は早めに使って、確定させてしまうのが得策です。

第7章　いますぐ実践したい！

――効果的な相続税対策を教えます

●生き方を残す〝金メダル〟の相続

相続の「相」という字は、人相、面相の「相」ですから、「すがた」という意味があります。相続というのは、目に見えない親の生き方やこだわりまで引き継ぐものではないかと、私は考えています。

相続人は、預金であるとか、建物であるとか、目に見えるものを引き継ぐのが相続だと、つい考えてしまいます。しかし、目に見えないものも引き継いでいくことこそ、相続なのです。

これは、あるお客様から教えていただいた話です。その方は「何を残すべきなのかいろいろ考えてみた」というのです。そして、相続に金メダル、銀メダル、銅メダルがあるとすれば、「財産を残すのは、銅メダルかな」とおっしゃいました。

財産を残すことは、それはそれで、すばらしいこと。子どもや孫が自分のやりたいことを実行するときに、残した財産が基盤になります。だから、財産を残すことはすばらしいし、メダルはもらえるというのです。

「では、銀メダルは?」と問うと、「思い出かな」とおっしゃいました。子どもと小さいときにキャッチボールをしたり、旅行へ行ったり、苦しいときに一緒に泣いたり、うれしいときは一緒に喜んだり、そういう思い出の1つひとつが銀メダルである、というのです。

そして、最後の金メダルです。「金メダルは生き方だ」とおっしゃいました。財産はそのうちなくなるし、思い出も孫やひ孫の世代には残りません。しかし、生き方を残すことができれば、代々残っていくのではないかというのです。「そんな生き方ができたらいいなあ」とおっしゃっていました。

私も同感です。相続において、相続税を節税することは、財産を減らさないためには重要ですが、税金を安くすることばかり考えてしまうと、誤った方向に走ってしまいがちです。相続対策を考えるときには、つねに、「相続とは何か」ということを思い出して工夫していくことが重要と思われます。

●——今後有効な6つの相続税対策とは？

私どもでは、次に示すように、相続税対策を6つに分けて考えています。

〈6つの相続税対策〉

①贈与対策
②建物対策
③法人利用の対策
④債務対策
⑤相続人対策
⑥非課税対策

では、6つの対策を1つずつ紹介していきましょう。

●——①贈与対策

教育費と住宅資金は贈与を受けるチャンス

生前贈与を使った対策の基本となるのは、暦年課税の基礎控除である110万円を活用する方法です。

これは、第6章でも紹介しましたが、「1年間に基礎控除の110万円までの贈与であれば課税しません」という制度です。その額を超えると贈与税がかかるわけですが、どのくらいかかるかというと、基礎控除の110万円を差し引いた残りの金額が200万円以下であれば10%、300万円以下であれば15%です。この贈与税率は今回の改正で引き上げられて、最高税率が55%になります。

暦年課税の基礎控除を利用して贈与をしている人は、たくさんいます。10年続ければ、1100万円を無税で贈与でき、その分、将来の相続税評価額を圧縮できるのですから、大きな節税効果が得られます。

たとえば、相続税の課税価格が1億円のAさんが実践すれば、限界税率は12・5%ですから、1100万円×12・5%で137万5000円の節税効果が得られること

図表23：贈与税の税率は一部引き下げも

〈改正前の税率〉

課税価格（基礎控除後）	税率	控除額
200万円以下	10%	–
300万円以下	15%	10万円
400万円以下	20%	25万円
600万円以下	30%	65万円
1,000万円以下	40%	125万円
1,000万円超	50%	225万円

〈改正後の税率〉

◉ 20歳以上の者が直系尊属から贈与を受けた場合

課税価格（基礎控除後）	税率	控除額
200万円以下	10%	–
400万円以下	15%	10万円
600万円以下	20%	30万円
1,000万円以下	30%	90万円
1,500万円以下	40%	190万円
3,000万円以下	45%	265万円
4,500万円以下	50%	415万円
4,500万円超	55%	640万円

◉ 上記以外の者が贈与を受けた場合

課税価格（基礎控除後）	税率	控除額
200万円以下	10%	–
300万円以下	15%	10万円
400万円以下	20%	25万円
600万円以下	30%	65万円
1,000万円以下	40%	125万円
1,500万円以下	45%	175万円
3,000万円以下	50%	250万円
3,000万円超	55%	400万円

になります。さらに課税価格が3億円のBさんが行うと、限界税率は32・5%になり、節税効果は357万5000円までアップします（限界税率については68ページ参照）。

実は、暦年課税を使った贈与には、これよりもはるかに効果的な方法があることも、第6章で詳しく解説しました。今回の改正では、「20歳以上の者が直系尊属から贈与を受けた場合」と「それ以外」に分かれました。そして、**図表23**のようにグレーの部分が減税になっています。贈与を受けやすい環境が整ってきているのです。

生前贈与で行う対策では、特例を使うことも大きなポイントになってきます。生前贈与で効果的な特例には、①教育資金の一括贈与の非課税と、②住宅取得等資金の贈与の非課税があります。詳しい内容については、第6章で解説していますので、参考にしてください。

贈与が節税になると分かっても、子どもの立場からすれば、身も蓋もなく「お金をください」と言うわけにはいきません。その点、教育資金や住宅取得資金はいいきっかけになります。

しかし、親から贈与を受けた場合には、それなりの配慮も必要です。住宅取得資金の贈与を受けたら、家ができたとき、真っ先に両親を招待してください。間違っても自分の友達を先に呼んではいけません。それがお金を援助してくれた人への礼儀です。

住宅取得資金の贈与を受けたために、親が家のことに口を出してくる場合もあります。多少であれば問題はないでしょうが、限度を超えると、困ってしまいます。そんなときにはどうするか。私は、「親にも家の建て替えを勧めてはどうか」とアドバイスしています。

「ここは僕らの家だから好きにさせてもらうけど、お父さんも家を建て直そう」と。親も家の建て替えをしたいと思っていることは多いのですが、億劫になっているのです。親が家を建てた時代と比べれば、住宅性能もずいぶん向上しています。たとえば、「いまは全館空調で冬も暖かいから、倒れる心配もないよ」など、親にこういう話ができるかどうかが、子どもとしての勝負です。

親の家の建て替えを手伝うことで、親も喜んでくれるのはもちろんですが、ご高齢の方が冬場に風呂の脱衣所やトイレで倒れて、半身不随になってしまうケースは実際に多いのです。家を建て替えて、親がいつまでも元気でいてくれれば、子どもとしてもうれしいでしょう。

先日も、住宅資金贈与のお手伝いをしていて、こんなケースがありました。子ども世帯が家を建てたのですが、こういう場合、得てして母親はおもしろくないものです。「嫁の家ばかりきれいになって……」と不満を抱きがちなのです。「私の若いころはこんなにいい家ではなかった」というわけです。

そこで、このケースでは親世帯も家も建て替えることになりました。親にも建て替えを勧めるのは、嫁・姑の関係を円満にする秘訣でもあるのです。

●贈与税の配偶者控除は、効果はなくても意味がある？

贈与税には**「配偶者控除」**があります。居住用の不動産を配偶者に贈与する場合には、2000万円まで無税になるのです。父親の築いた財産は、父親の力だけでなく、母親も大きく貢献しているはずだということで、婚姻期間が20年以上の夫婦に認められたものです。

図表24：贈与税の配偶者控除は、節税効果はなくても意味がある

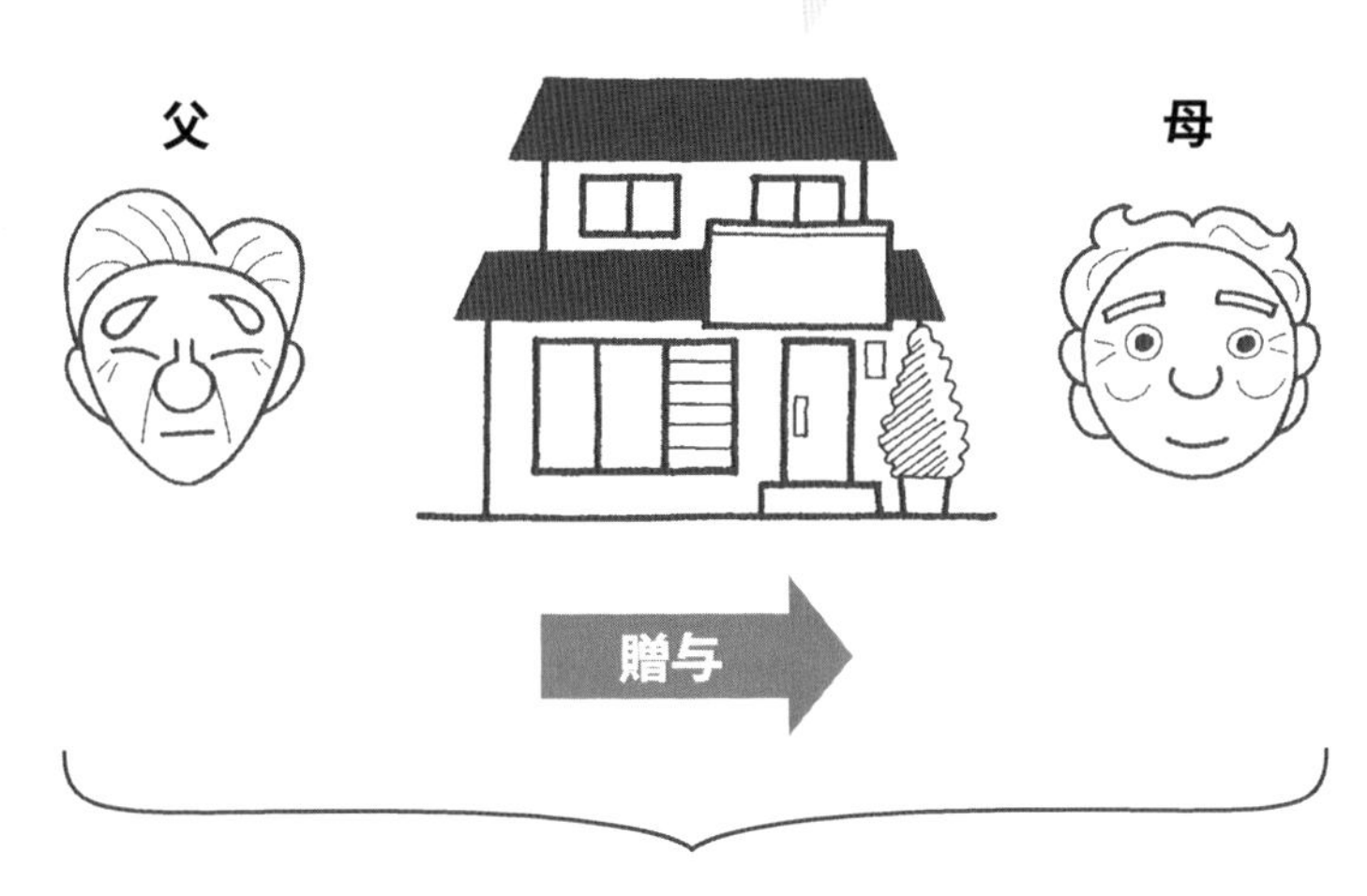

配偶者控除の対象となる贈与は、①居住用不動産、②居住用不動産を取得するための資金のどちらかです。

配偶者控除は2000万円なのですが、これに贈与税の基礎控除である110万円を加えると、2110万円までが無税になるのです。

その後、父親が亡くなり相続が発生した際には、法定相続分、または1億6000万円のどちらか大きいほうの金額まで相続税が無税になる配偶者の税額軽減も使えますから、効果は大きいと言えます。

しかし、これは1次相続に限って

の話です。母親が亡くなり、２次相続が発生したときには、相続税がかかりますので、単に納税が猶予されたのと同じことです。相続対策は１次相続だけでなく、２次相続までトータルで考えるべきですから、贈与税の配偶者控除は、節税という点ではあまり効果があるとは言えません。

では、意味がないのかといえば、そんなことはありません。結婚20周年を記念して、自宅の一部を配偶者に贈与することが夫婦円満につながります。節税のためというよりも夫婦円満の方法として使ってみる価値はあります。

●──②建物対策　アパートを修繕すれば、一挙両得の対策に

財産を現金・預金で保有していると、相続税評価額は１００％で計算されます。つまり、１０００万円の預金は、そのまま１０００万円として評価されます。

この預金を建物にすると、相続税評価は下がります。たとえば、１億円の預金を建物に換えると、建物の評価額が相続税評価額となり、これはおおよそ４０００万円に

なります。

そこで、どんな建物を建てるのかが重要になります。

収入が欲しいのであれば、賃貸住宅になります。すでに賃貸用のアパートやマンションを所有している場合には、費用をかけて修繕をするという方法もあります。修繕によってきれいになり、入居率が高くなれば、収益性が上がり、相続税対策にも有効で、一挙両得の対策と言えます。

たとえば、マンションの空室を利用して、図書室を作ったケースがありました。住民に喜ばれ、空室率も減ったということです。

仮に2000万円の預金を使って修繕をすれば、通常、相続税評価額はその4割、800万円程度に下げることができます。

自宅の新築・改築というのも効果的です。バリアフリーにしたり、全館空調にしたりするのもいいですし、介護が必要になっても使えるベッドを購入してもいいでしょう。あるいは、本が好きな人は、日当たりがいい場所に本が読みやすい空間を作ったり、猫が好きであれば、猫の部屋を作ったり、本人の嗜好に合わせて生活のクオリティが上がる新築・改築をしてはどうでしょうか。

親に「相続税対策をしてほしい」とは、言いづらいものですが、親自身の生活のクオリティを上げるための新築や改築であれば、話を切り出しやすいものです。

また、最近とくに評判のいいのが記念館です。たとえば、父親が鉄道模型が趣味であれば、鉄道模型記念館を建てるとか、絵を集めるのが趣味であれば個人美術館、生涯はちみつを研究してきたのであれば、はちみつ記念館と、本人がそこにいたら楽しい記念館を建てることを勧めると喜ばれるのです。

このような相続税対策がなぜ、親に評判がいいのかと考えてみると、本人が楽しくなる対策だからです。自分は何の得もしないものや、子どもだけが得をするものは、ついつい後回しになります。「子どもが喜ぶのであれば、実行しようか」という気持ちはあるのですが、すぐ喜んで実行するということには、ならないのです。

西伊豆・堂ヶ島に加山雄三ミュージアムがあります。訪れたことがあるのですが、あそこに行って一番楽しいのは加山雄三さん、ご本人だと思うのです。いままでの映画、歌などがすべて揃っていますし、愛艇の光進丸の模型もあります。そういうものであれば、親もすぐに実行したくなるでしょう。

子どもの立場からすれば、建物にするよりも預金で残してくれたほうがいいと思うでしょう。しかし、4億円の資産があり、1億円を親の好きなものに使って相続税が節税になるのであれば、それは子どもとしてもうれしいでしょう。

あるいは、それをきっかけにして、親とコミュニケーションを深めることで、子どもが得をする相続対策もそれとなく提案することができるでしょう。まずは、親が楽しくなることできっかけをつかむことが重要です。

●——③法人利用の対策　資産を会社に移すだけで相続税は安くなる

法人利用も即効性の高い相続税対策です。たとえば、預金が1億円あって、それを出資して会社を作ります。1億円はそのまま会社の資産として保有していたとしても、会社の相続税評価は、1億円ではありません。

会社を相続する場合、会社の株式を相続することになります。その評価基準は、会社が儲かっているかどうかが一番のポイントとなります。会社の株式の評価には、**「類似業種比準価額」**と**「純資産価額」**があります。この2つの方法で計算していきます。

類似業種比準価額は、設立した会社と類似する業種の上場会社の株価を基として、双方の会社の配当、利益、純資産を参考にして評価する方法です。

純資産価額は、会社の持っている資産から負債を差し引き、発行済み株式数で割って株価を計算します。資産に大きな含み益があるほど、株式の評価額が高くなります。

法人利用の節税効果は、おおよそ評価を5割減程度にできると考えて間違いありません。アパート経営などをしている場合は、建物を会社に移すと効果的です。

例を1つ紹介しましょう。

市川義男さん（45歳）の父親は、現在78歳です。代々続く地主で数多くの賃貸物件を所有しています。市川さんは、父親に相続が発生したときに相続税が支払えるのか、以前から不安に思っていました。

しかし、父親に面と向かって「相続対策をしてくれ」と言えず、ずるずると何もできない日々が続いていたのです。そんなとき、知人の父親が最近実施した節税の話を聞きました。法人を作って所有している不動産を移すことで、所得税の節税ができるというのです。

これは相続対策ではなく、本人の節税につながる話だから、もしかしたら、父親も興味を示すのではないかと考え、市川さんは知人の話をそれとなく父親に話してみたのです。

市川さんの父親はすぐに興味を示し、親子で一緒に相談に来ました。現状を詳しく聞いてみると、現在は不動産所得を個人で申告していて、賃貸収入は年間８０００万円、所得税は年間４０００万円です。賃貸物件のうち、ある企業に貸しているＡ物件の賃貸収入が５０００万円と50％以上を占めます。私は法人を設立して、Ａ物件を移し、不動産所得を個人と法人に分散する提案を行いました。

これにより、所得税の合計は４０００万円から３１００万円へ９００万円の節税になります。これは、平成27年1月１日から所得税の税率が引き上げられるために、法人を設立するメリットが大きくなったのです。

ちなみに、平成26年時点の税制で法人化したとすると、節税額は700万円にとどまります。平成27年以降、所得税の税率が上がることで、節税効果もアップしたのです。市川さんの父親は法人設立を決心しました。

仮に相続が発生したときには、この法人の株式を相続することになりますが、個人所有のままと比べて相続税の節税効果も得られます。

●——④債務対策　盛大な葬儀は節税につながる

私は、最近、機嫌が悪くなることがあります。スタッフに言わせれば、「また始まった」ということになりますが——。それは何かというと、葬儀が家族葬になっているのです。大変お世話になった人が亡くなったときにも、後で「家族葬を行いました」と通知のハガキだけが来るケースが増えてきたのです。

私としては、お世話になった人なのですから、香典を持って葬儀に行きたいですし、手を合せてお別れを告げたいのです。その人の思い出に浸って、気持ちも整理したいのですが、そのセレモニーができなくなっています。

家族にしてみれば、「高齢だし、それほど人付き合いはなかっただろう」と考えて、家族葬にしているのでしょうが、家族の知らない交友関係というのは意外に広いものです。そのような人たちに案内をせずにセレモニーが終わってしまうのは、少し寂しいのではないでしょうか。

実は、相続の専門家としての立場で考えてみても、葬儀を盛大に執り行う意味は大きいのです。それはなぜか？　地味な葬儀は、債務控除が少ないからです。葬儀費用は相続財産から差し引くことができますが、出費が少なければ、差し引く金額も少なくなります。一方で、いろいろな人に連絡して盛大な葬儀を行うと、費用がかかり、その分、債務控除が大きくなるのです。

では、資金繰りはどうでしょう。小さな家族葬で入ってくる香典はそれなりです。盛大な葬儀では、香典も盛大に入ってきます。どちらにしても、葬儀費用と香典は、プラスマイナスゼロになるものです。葬儀経費は債務控除できますし、香典は非課税なので、相続税対策としても有効です。葬儀を盛大に行うことは、節税対策にもつながるのです。

●──隣地との境界の測量が必要であれば生前に行う

もし、隣との境界線でもめているようなことがあれば、いずれ測量が必要になります。売却する場合にも測量は必要ですし、相続の際にも原則は測量が必要です。であれば、親が元気なうちに測量をしてもらうのがいいでしょう。

これには2つの効果があります。境界線がどうであったか、事情を知っているのは親ですから、元気なうちにはっきりさせておかないと、ややこしいことになります。

また、測量には数十万~数百万円の費用がかかることもあります。生前に行ってしまえば、その分、相続財産を減らすことができます。しかし、相続が発生してから行う場合には、その費用を被相続人の債務にすることはできませんので、事実上、使い道が決まっていて自由に使えないお金に相続税がかかることになってしまいます。

こんな相談者もいました。「天野さんのところに相続税の手続きを頼むと、費用がかかるよね?」と。私は、「はい、かかります。おおよそ○○くらいでしょうか」と答えました。そうしたら、「生前にどのくらい実行できるの?」とおっしゃるのです。なぜ、そんなことを聞くのかと思ったら、できる限り生前に実行しておきたいというのです。

仮に生前に6割の手続きが可能であれば、その分は生前の出費として、相続財産を減らすことができます。相続が発生したときには、4割の費用ですみますから、節税につながるのです。

これは特殊な例ですが、必ずかかる費用というのは、できるだけ生前に使っておくのが1つの対策となるのです。これが債務対策です。

⑤相続人対策　養子縁組をすれば、節税効果が大きい

まず、**図表25**を見てください。

たとえば、相続税の課税価格が1億円の人のケースで見てみると、相続人が配偶者

図表25：相続税額早見表（単位：千円）

課税価格	～平成26年				平成27年～			
	配偶者 子ども1人	配偶者 子ども2人	配偶者 子ども3人	配偶者 子ども4人	配偶者 子ども1人	配偶者 子ども2人	配偶者 子ども3人	配偶者 子ども4人
50,000	0	0	0	0	400	100	0	0
75,000	250	0	0	0	1,975	1,438	1,063	750
100,000	1,750	1,000	500	0	3,850	3,150	2,625	2,250
150,000	6,000	4,625	3,500	2,875	9,200	7,475	6,650	5,875
200,000	12,500	9,500	8,125	6,750	16,700	13,500	12,175	11,250
250,000	20,000	15,750	13,750	12,375	24,600	19,850	18,000	16,875
300,000	29,000	23,000	20,000	18,000	34,600	28,600	25,400	23,500
350,000	39,000	31,750	27,500	25,000	44,600	37,350	32,900	31,000
400,000	49,000	40,500	35,250	32,500	54,600	46,100	41,550	38,500
450,000	59,000	49,250	44,000	40,000	64,800	54,925	50,300	46,000
500,000	69,000	58,500	52,750	47,500	76,050	65,550	59,625	55,000
550,000	79,000	68,500	61,500	56,250	87,300	76,175	69,000	64,375
600,000	89,000	78,500	70,250	65,000	98,550	86,800	78,375	73,750
650,000	99,000	88,500	79,000	73,750	110,000	97,450	87,750	83,125
700,000	110,500	99,000	88,250	82,500	122,500	108,700	98,850	93,000
750,000	123,000	110,250	99,500	92,500	135,000	119,950	110,100	103,000
800,000	135,500	121,500	110,750	102,500	147,500	131,200	121,350	113,000
850,000	148,000	132,750	122,000	112,500	160,000	142,475	132,600	123,000
900,000	160,500	144,000	133,250	122,500	172,500	154,350	143,850	134,000
950,000	173,000	155,250	144,500	133,750	185,000	166,225	155,100	145,250
1,000,000	185,500	166,500	155,750	145,000	197,500	178,100	166,350	156,500

と子ども2人の場合、目安となる相続税額は315万円ですが、子どもが1人増えて3人になると、相続税額は262万5000円まで下がります。

相続人を増やすことは大きな節税対策になるのです。これは基礎控除が増えるという面もありますが、税率が下がることによる節税効果が大きいのです。相続税は、遺産分割をした後の金額を相続人ごとに税率表に当てはめますから、相続人が多いほど、1人当たりの相続財産が減り、税率が下がるのです。

そこで、養子縁組をするという方法があります。実子がいなければ、相続税法上の養子は2人まで認められますが、実子がいる場合には1人まで認められます。ちなみに、民法上、養子は何人でも取れますが、相続税対策のために意味があるのは、2人ないしは1人なのです。

では、どんな人が養子になるケースが多いかというと、同居長男の嫁、あるいは同居長男の孫です。同居長男の嫁は、最後まで自分の面倒をみてもらう人だから、財産を渡したいという意味があります。長男の孫というのは、家を継いで墓守りをする人だからという理由です。

養子縁組をしても、実の親子関係が変わるわけではありません。戸籍謄本を見ると、実の父母の横に養父、養母という記載が付け加えられるだけです。兄弟の関係も変わりません。これは誰でも手軽にできる対策なのです。

ただ、気を付けてほしいのは、同居長男の孫だけが養子縁組されると、次男や長女から「私の遺留分を少なくするために養子縁組したのではないか」と疑われかねません。なぜ孫を養子縁組するのか、親の口からすべての兄弟にきちんと理由を説明してもらう必要があります。

なお、長男の嫁が養子になる場合には、相続税の加算はありませんが、孫が養子になる場合には、相続税が2割加算になりますので、注意してください。

第6章で、1代とばしの贈与は節税になると述べましたが、同様に、1代とばしの相続を行うと、実はそれ以上の大幅な節税が図れます。

孫を養子にするというのは、いわば人為的に相続人を作ることであり、税理士や銀行などに勧められて、相続税対策としてこうしたことを行っている資産家も少なくありません。そうした行為が目に余るとして、国税当局がその節税効果を減じる意味合

図表26：孫の養子は課税２割加算に注意

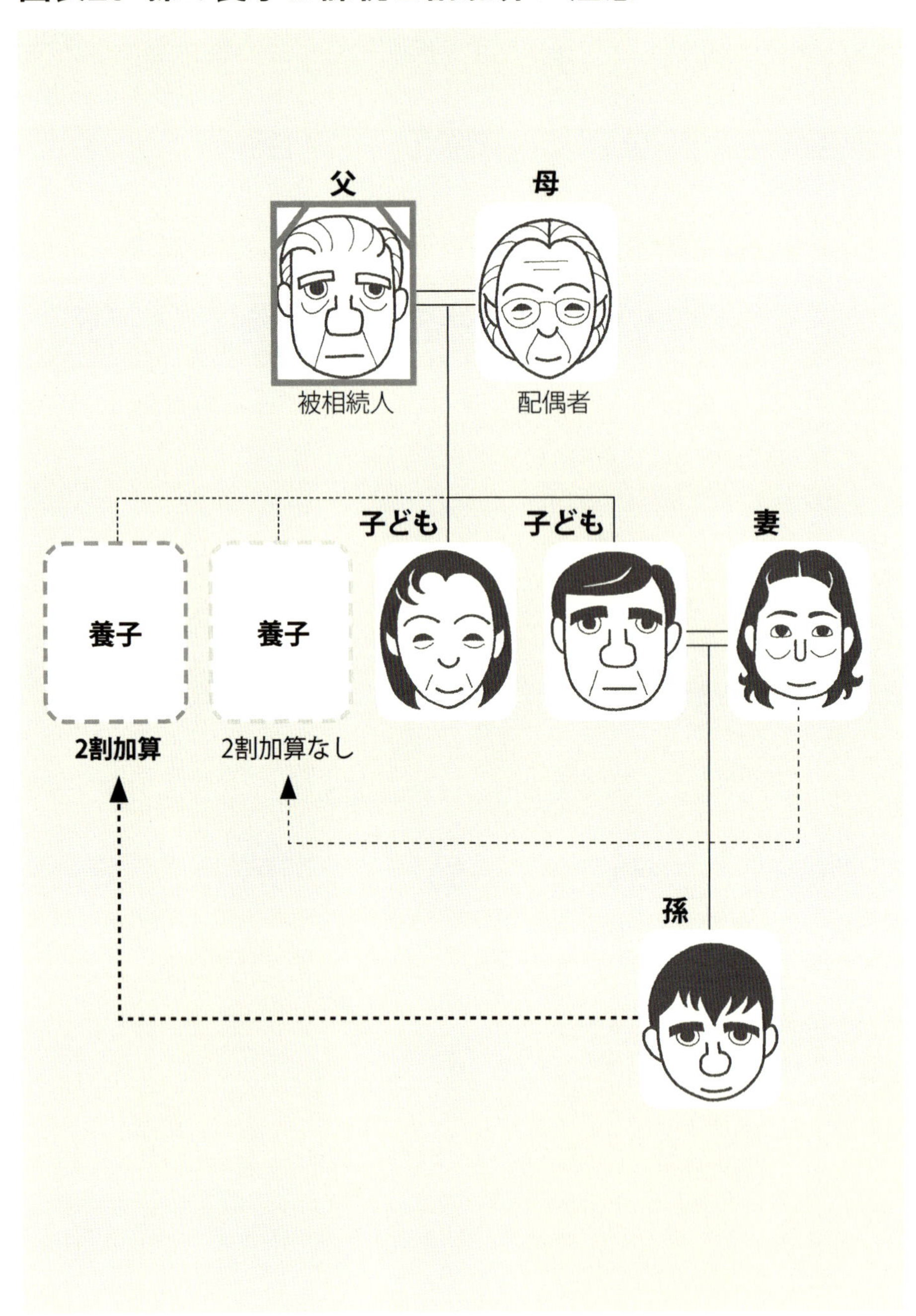

いで、（代襲相続人以外の）孫養子への課税2割加算を決めました。

ただし、仮にこの2割加算の課税を受けたとしても、1代とばしの相続には依然として大幅な相続税の節税効果があります。これは知っておいたほうがよいでしょう。

⑥ 非課税対策 生命保険の非課税枠を利用する

会社を営んでいる場合であれば、死亡退職金は非課税ですから、死亡退職金を受け取れるような準備をしておくと、効果が期待できます。また、生命保険には、500万円×法定相続人の非課税枠がありますから、もし、親が加入していないのであれば、加入してもらうのもよいでしょう。

財産が自宅しかない場合など、同居長男が自宅を相続すると、他の相続人に分割する財産がなくなってしまいます。そのような場合に、親に生命保険に加入してもらい、分割するための財産を作る方法もあります。

たとえば、長男に財産を多めに相続させるために、代わりとして長女を受取人にし

図表27：死亡保険金にかかる税金

	契約形態	契約者	被保険者	死亡保険金受取人	税金の種類
1	契約者と被保険者が同じ場合	Aさん	Aさん	Bさん	相続税
2	契約者と受取人が同じ場合	Aさん	Bさん	Aさん	所得税（一時所得）
3	契約者、被保険者、受取人がそれぞれ異なる場合	Aさん	Bさん	Cさん	贈与税

＊いずれの場合も契約者が保険料を負担しているものとした場合。

た生命保険に加入していたケースがありました。長女はそれを親が亡くなった後で知ったのですが、親の気持ちを知って涙していました。

ただし、生命保険というのは相続財産からは外されるという問題があります。たとえば、長女が生命保険を受け取ったとすると、それは受取人である長女固有の財産なのです。ですから、長女は生命保険を受け取った上で、さらに、相続では法定相続分も要求するということもあり得ます。

こじれそうな場合には、生命保険の受取人を長男にしておく方法もあります。長男が受け取り、自分が多めに財産を相続する代わりに、生命保険は長女に渡すということにするのです。これは代償分割の一種です。

なお、生命保険に加入する際には、契約者や受取人を誰にするかによって、適用される税金が異なります（**図表27**参照）。

●税務署が教えてくれない節税対策

相続税の申告は、相続人の確定や相続財産の評価など、専門的な知識が必要な面が多いことから、税理士が関与するケースが大半です。しかし、限られた時間の中で遺産分割や申告手続きを行うため、調査し切れないことやミスなどがあり、税金を払い過ぎてしまうことがあります。

私の事務所では、すでに申告をしたものの、本当に正しい申告が行われたのか、セカンドオピニオン的な相談を受けるケースも多くあります。実際に申告書を検証してみると、申告書を提出した人のうち、**約31％の人が払い過ぎになっている**ことがわかりました。

たとえ税金を払い過ぎていても、税務署が教えてくれることはありませんから、自ら手続きをして取り戻すしかありません。その方法を「更正の請求」といいます。これまで879件の申告書をチェックし、最終的に272件で相続税を取り戻すことができました。

そのなかで最も高額な相続税を取り戻したケースは、3億9397万円でした。当初の申告では、25億7427万円の相続税を納めていましたが、再検証の結果、21億8030万円まで引き下げることに成功したのです。他にも1億円以上の還付を受けたケースが数多くあります。

では、どのようなケースで税金の払い過ぎが起きやすいのか、典型的な例をいくつか紹介しましょう。

〈実例1〉 私道を正しく評価して5700万円の還付

Kさんは、**図表28**のような土地を相続しました。770㎡の土地に貸家が4軒建っています。それぞれの貸家は私道でつながっています。通常、私道の評価には次のよ

図表28

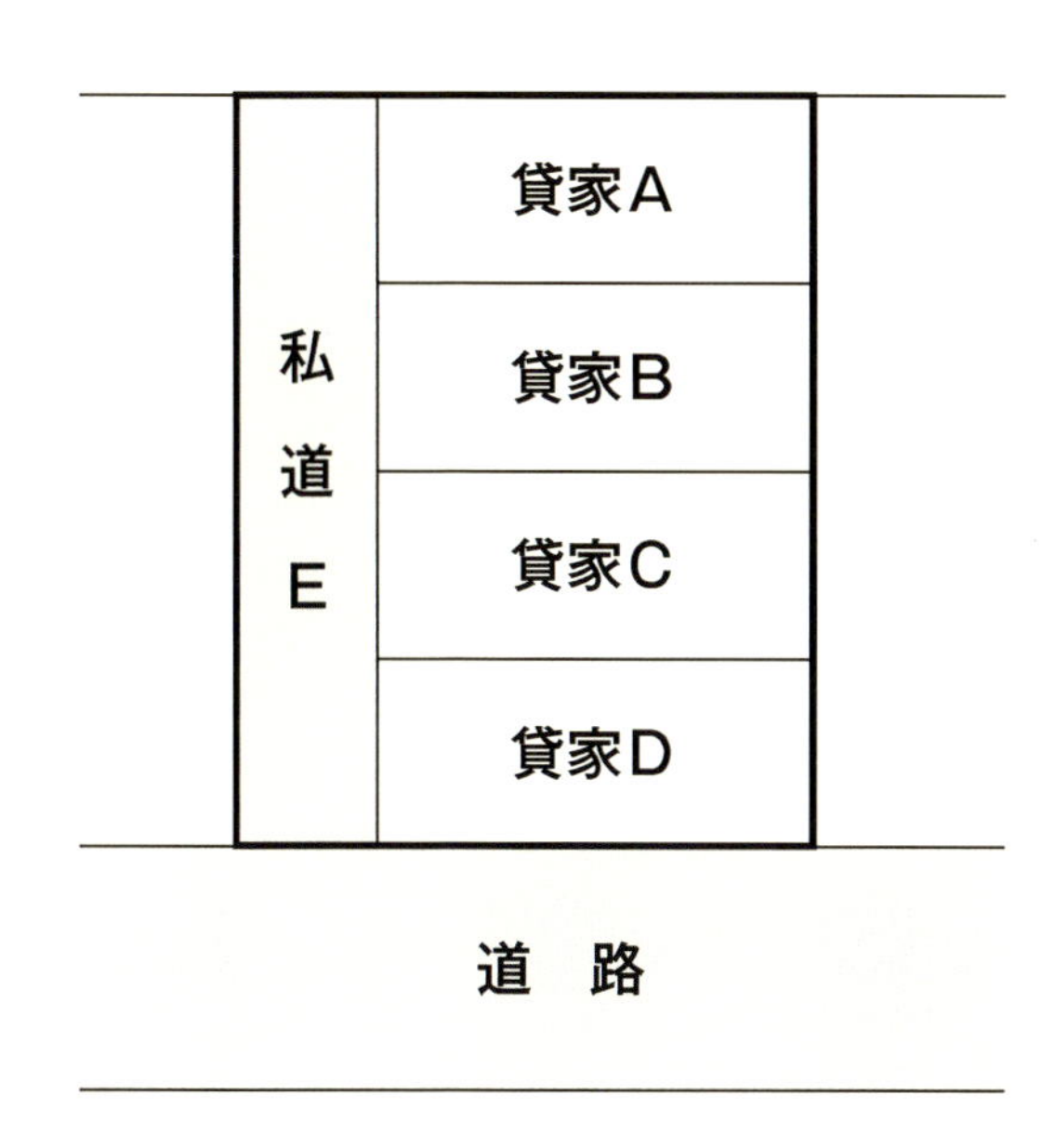

うな3つの方法があります。

①通り抜けが可能で、不特定多数の人が利用できる私道→評価額はゼロ

②行き止まりになっているが、複数の人が利用する私道→評価額は30%

③行き止まりで、奥に住む所有者だけが利用する私道→評価額は100%

Kさんのケースでは本来②が適用され、評価額は70%減になるはずでした。ところが、最初に申告を担当した税理士は、A、B、C、D、Eの土地を一体で評価し、評価減を適用せずに100%で申告を行ったのです。

結果、この土地の相続税評価額は1億

１９００万円になり、支払った相続税額は他の相続資産も合せ2億８０００万円に上りました。

相談を受けた私は、Ａ、Ｂ、Ｃ、Ｄ、Ｅの土地を個別に評価するとともに、Ｅの土地は私道としての評価を行ったのです。税務署に私道として認めてもらうには、面積を確定させる必要があります。そこで、私道の面積確定のための測量も行いました。

その結果、７７０㎡のうち、２７０㎡を私道として評価し、Ａ、Ｂ、Ｃ、Ｄの土地は個別に評価して相続税を計算したのです。土地の評価額の合計は８２００万円となり、当初の評価よりも３７００万円の評価減になりました。

他にも、いくつか評価減できる土地があり、それらの減額を加味して全体を見直したところ、Ｋさんの納める相続税は2億２３００万円となり、５７００万円の還付を勝ち取ることができました。

このようなミスが起こった原因は、当初の申告手続きをした税理士が現地にも行かずに評価を行ったため、私道として評価減が受けられることに気づかなかったことです。税務署側がそれに気づいていたとしても、指摘してくれることは基本的にはありません。更正の請求を行わなければ、５７００万円もの税金を多く支払ったままになっていた可能性がありますので、大変な違いです。

〈実例２〉 駐車場を貸家建付地と一体で評価して３１００万円の還付

Ｓさんは、**図表29**のような、ある企業に一括で賃貸している社宅の土地・建物を相続しました。その一角には、その社宅の利用者専用の駐車場があったのですが、Ｓさんの相続税の申告を最初に行った税理士は、社宅敷地については貸家建付地として適正な評価をしていたものの、駐車場部分をいわゆる更地として評価してしまっていたのです。

駐車場の相続税の評価に関しては、確かに原則は自用地（更地）として評価することになっていますが、このケースのような貸家と一体で利用されている駐車場に限っては、貸家の敷地として一体で貸家建付地として評価してもよいことになっています。

そこで、社宅の敷地と駐車場を一体の利用単位と見なして、全体を貸家建付地とし

図表29

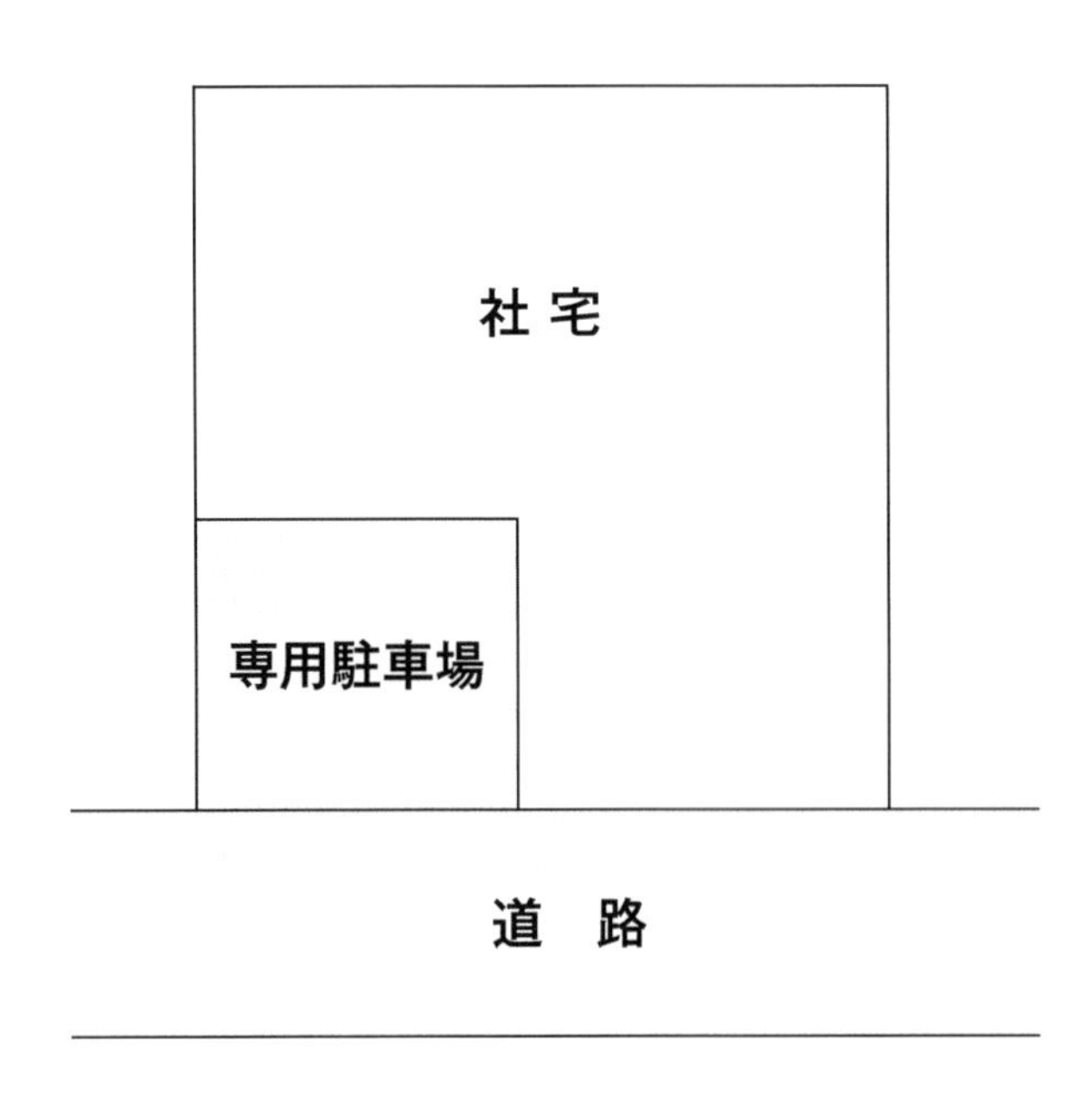

て評価したところ、土地の評価額が4億4600万円から3億9900万円まで下がり、4700万円もの評価減ができることが分かりました。

他にも債務の計上漏れなど、いくつかの誤りが見つかり、これらの誤りをすべて是正する内容の更正の請求を行ったところ、5億5200万円だった相続税が5億2100万円まで下がり、3100万円もの相続税が還付されたのです。

〈実例3〉 広大地の適用で4000万円の節税に

図表30

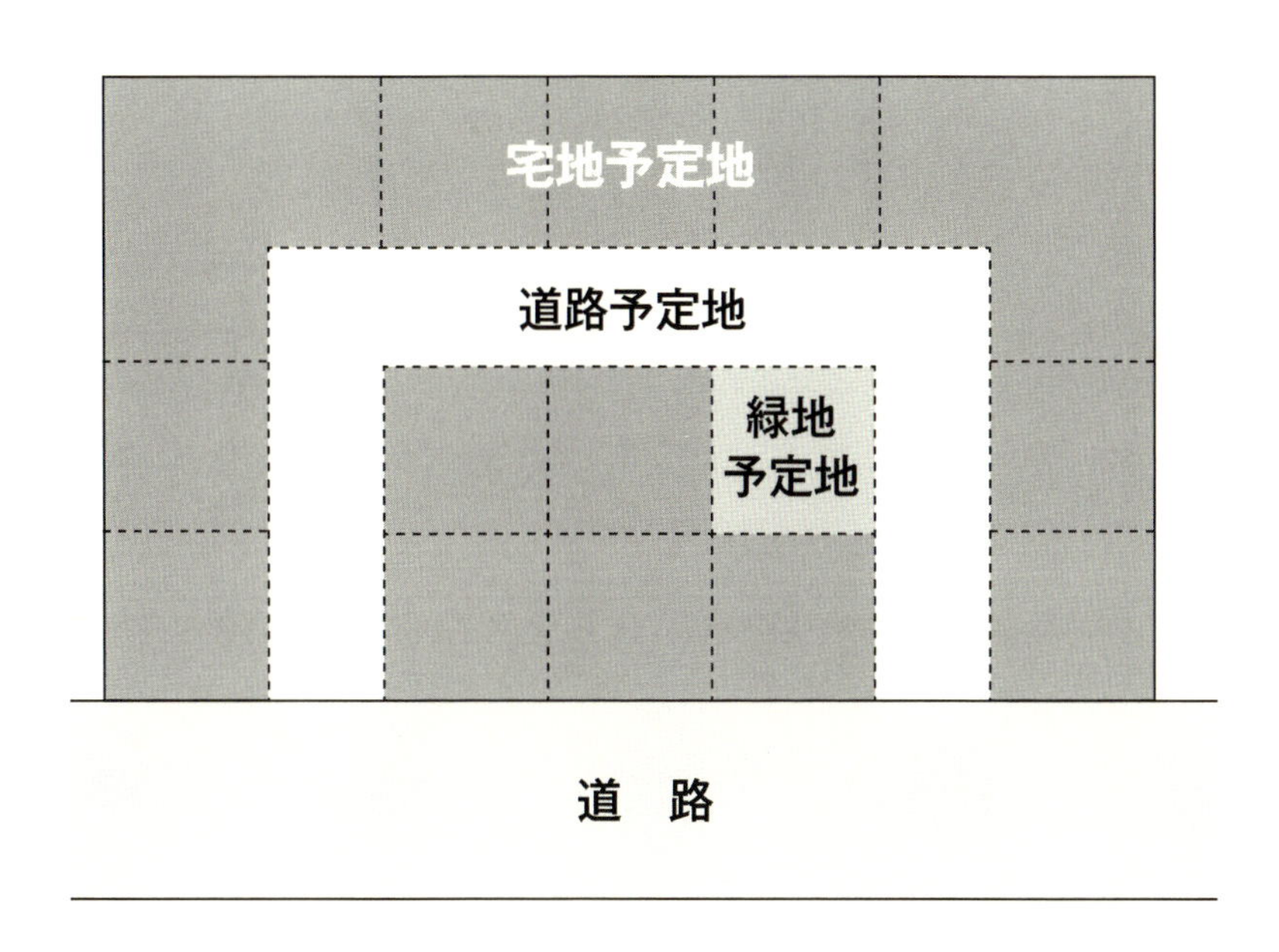

Yさんは3500㎡の広い土地を相続しました。通常、住宅地は面積が広くなるほど、価値が下がる傾向にあります。一般的に100㎡程度の宅地であれば、比較的容易に売却ができます。しかし、広い土地になると、個人が住宅用に購入することは難しくなり、売却するのであれば、その相手は住宅業者などに限られてしまいます。

住宅業者にしても、広すぎる土地は有効利用が難しくなります。**図表30**のように区画割りをして建物を建てて、販売することになりますが、道路や緑地を整備することになるので、全面積を有効利用できるわけではありません。

そこで、広すぎる土地は**「広大地」**として、土地の評価を下げることができるのです。Ｙさんのケースでは、当初申告した税理士は、広大地評価を行わず、通常評価で申告をしたため、土地の評価額は１億３５００万円となりました。Ｙさんの納税額は、他の相続資産も合せ、３億１５００万円です。

Ｙさんから依頼を受けて、広大地の評価減を適用すると、土地の評価は８７００万円まで下がりました。結果、４８００万円の評価減で、Ｙさんは４００万円の還付を受けることができました。

さらにこの事案では、広大地の評価減４８００万円だけでなく、他の財産の評価減の要因も同時に複数発覚し、それらをすべて加味すると、将来、２次相続が発生した際には、３６００万円もの節税効果が見込まれることが分かりました。つまり、広大地の適用をはじめとして、これらの評価の見直しを行ったことにより、計４０００万円もの節税が図れたことになります。

相続税の相談はいつ、誰にするのがベストか？

今回の相続税法の改正によって、4割以上の人（東京国税局管内）が相続税の申告が必要になることは説明しました。では具体的に、申告はどのようにすればいいのでしょうか？

税務署に相談して、税務署の指示通りに申告書を書いて、納税するだけであれば、自分で手続きをすることも不可能ではありません。しかし、実際は、ほとんどの人が税理士に依頼しているのではないでしょうか。その理由は、用意しなければならない書類の量が膨大で、手続きも極めて煩雑だからです。

次ページの写真は、私どもで取り扱ったある方の相続税の申告書です。これだけの資料を税務署に提出するのです。提出書類は、財産が多くても少なくても、あまり変わりません。すべてを自力で準備するのは、なかなか難しいのではないでしょうか？

慣れていない税務署とのやり取りにも、不安があるでしょう。

一般に会社員の場合、税金は給料から天引きで、納税手続きはほとんど会社が代行

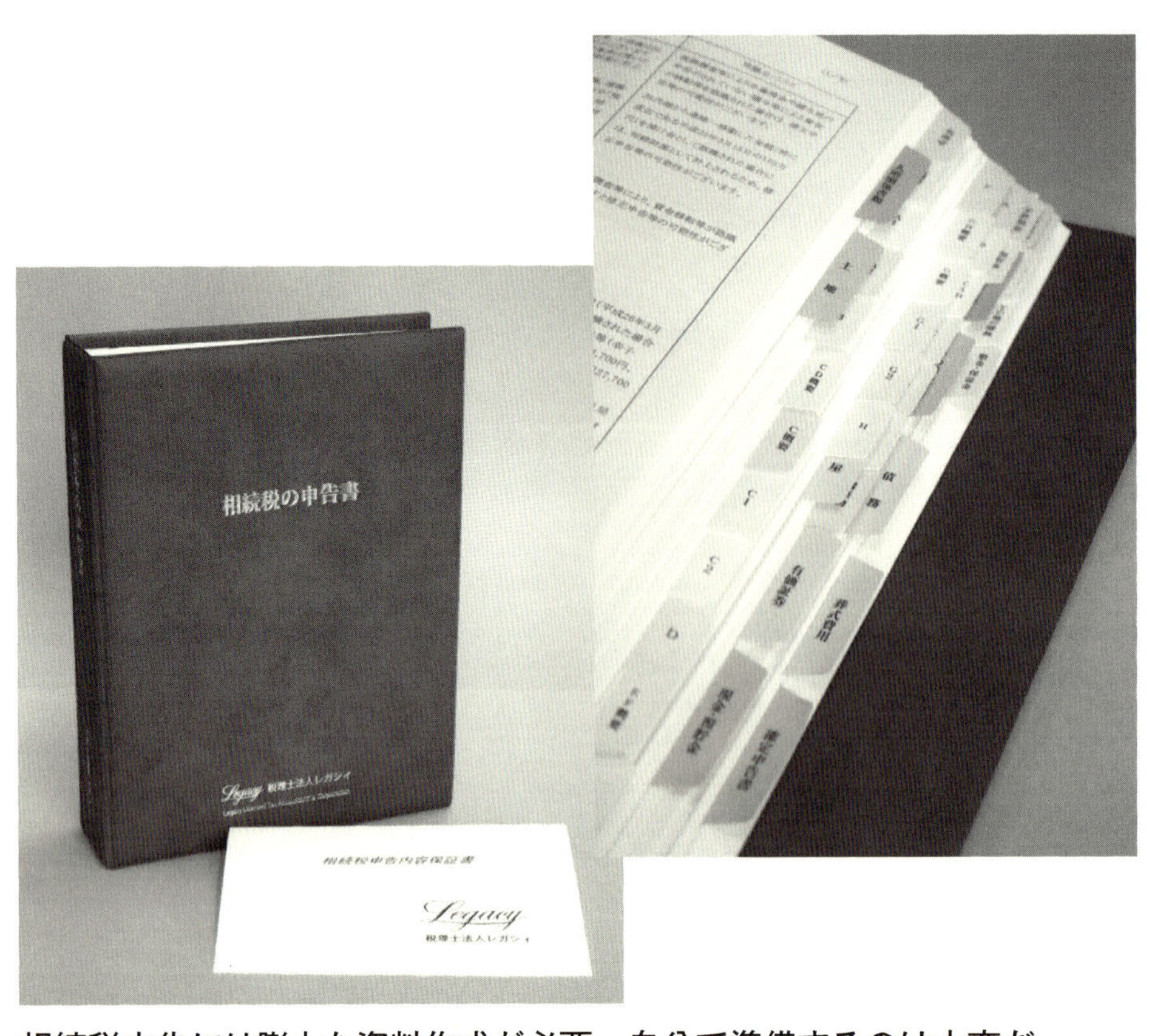

相続税申告には膨大な資料作成が必要。自分で準備するのは大変だ。

してくれるので、申告の経験はほとんどありません。毎年、申告を行っている自営業の場合でも、所得税と相続税では、様子が大きく異なります。仮に所得税納税の手間を１とすると、相続税のそれは１００ぐらいになるでしょうか。ましてや、親が亡くなって日も浅いうちに煩雑な手続きをするのは、精神的な負担も大きいものです。

　税理士に依頼すれば、書類の準備もほとんどが代行可能ですし、税務署とのやり取りもすべて税理士が代行してくれます。

ただ、税理士なら誰でもいいかと言うと、そんなことはありません。普段、主に会社の税務処理などの仕事をしている税理士の場合、相続税の申告は不慣れということも多いのです。そういう税理士に当たってしまうと、先の〈実例1～3〉で示したように、払わなくてもいい高額な税を払うようなことにもなりかねません。

では、どうやって相続税に詳しい税理士を探せばいいのでしょうか？　一般的には、①知人の紹介、②金融機関の紹介、③不動産会社の紹介などを利用するケースが多いようです。なかでも、すでに相続を経験した知人から紹介してもらうのが安心です。

もしも、そういう伝手（つて）がない場合は、目星をつけた税理士に、これまでに扱った相続税申告の件数を聞いてみるのもいいでしょう。

たとえば、皆さんが心臓の手術をしなければならなくなったとして、年間100件の手術をこなしている心臓外科医と、3年前に1件やりましたという外科医なら、どちらを選びますか？　相続税の申告は、それぐらい専門性の高い業務なのです。

税理士に依頼する際には、何でも話すことがポイントです。相続財産にはどんなものがあるか。遺産分割協議はどのように進めたいか。その他、気になることはすべて話すことが、節税にもつながります。

できれば、相続が発生する前から税理士に相談し、相続税対策が必要であれば、時間をかけて講じていくのが理想です。とはいえ、相続が発生してからでも間に合う相続税対策もありますから、まずは相談してみることが大事でしょう。

おわりに

私の書棚のお気に入りの場所には、相続税の申告書が納めてあります。89歳で亡くなった父のものです。

私は、つねにこう考えています。

「相続とは、亡くなった人の人生の集大成をする機会である」

そして、相続税の申告書は、その集大成を記録したものだと思うのです。申告書には、親の残してくれたものが、すべて記録されています。預金や株式、不動産などの資産は詳細が記載されていますし、親族関係についても、すっきり整理されています。

何かあったときには、申告書をひも解けば、多くのことが解決するはずです。

この申告書、自分の両親と配偶者の両親で、最終的には4冊が揃うことになります。これは、大きな財産です。ですから私は、書棚のもっとも良い場所を、大事な財産の保管場所に定めているのです。

申告書を作成する過程も、大きな意味を持っています。

相続が発生して、申告するまでの10カ月間には、依頼した税理士とさまざまな話をします。自分から話すこともあれば、聞かれて思い出すこともあるでしょう。そして、そうしているうちに、父親や母親との思い出に入っていくことができるのです。

この期間は、相続税の手続きのための期間であるのと同時に、子どもが親との関係、気持ちを整理する期間でもあるのです。

私は、相続とは、親の「相（すがた）」を受け継ぐことだと考えています。相続手続きの際に、きちんと気持ちを整理できてこそ、それが可能になるのだと思います。それは生涯の財産になるでしょう。

5年、10年経った後に、ふと親の相（すがた）を思い出すかもしれません。生前は嫌だと思っていた父親の癖が、同じ歳になった自分にも出ていて、苦笑いすることもあるでしょう。あるいは、大きな壁を乗り越えるとき、父親の失敗を思い出して、同じ過ちを繰り返さないで済むこともあるかもしれません。

これこそが相続です。

ところで、相続人の比率は、男性と女性、どちらが高いと思いますか？
答えは、女性です。一般的に父親のほうが早く亡くなりますから、多くの場合、母親が相続人になります。子どもの男女比率は、ほぼ5対5ですから、トータルでは、女性比率が圧倒的に高くなるのです。

では、1次相続から2次相続までの期間はどうでしょうか？　先に父親が亡くなった場合、2次相続で母親が亡くなるまでの期間の平均は15年です。ところが、1次相続で母親が亡くなった場合、2次相続で父親が亡くなるまでの期間の平均は1・5年です。

これは衝撃的な事実です。父親は、生活の多くの部分を母親に支えられているために、その支えを失ってしまうと、命が尽きてしまうのかもしれません。

元気な親を前にしていると、「相続なんてまだ先さ」と思ってしまいがちです。しかし、相続はいつか必ずやってきます。残念なことに避ける方法はないのです。

いつごろ1次相続が発生し、誰が相続人になるのか。そして、2次相続はいつごろなのか、おおまかにでも想定して、必要な対策を講じておくことは大事です。

そして、**「最大の相続対策は親孝行である」**ことは、本書で解説した通りです。節税対策として有効であるのと同時に、もめない相続のための処方箋でもあります。

本書が、親と子の関係をもう一度考え直してみるきっかけになることを、願って止みません。

著　者

本書を読んで、相続に関してさらに詳しく
お知りになりたい方は、
下記ホームページをご覧ください。

http://legacy.ne.jp/lp/

＊知って得する相続メールマガジンも無料配信中！

税理士法人レガシィ／株式会社レガシィ
〒100-6806
東京都千代田区大手町 1-3-1 JA ビル6F
電話：03-3214-1717　FAX：03-3214-3131

著者略歴

天野　隆（あまの・たかし）

税理士法人レガシィ代表社員税理士。株式会社レガシィ代表取締役。
公認会計士、税理士、宅地建物取引主任、CFP。
1951年生まれ。慶應義塾大学経済学部卒業。アーサーアンダーセン会計事務所を経て、1980年より現職。累計3,190件、相続税申告等件数日本一であり、専門ノウハウと対応の良さで紹介者から絶大な支持を得ている、税理士法人レガシィの代表社員税理士として注目されている。主な著書に『いま親が死んでも困らない相続の話』（ソフトバンク新書）、『絶対に損したくない人のための相続・贈与』（フォレスト出版）、共著に『親を見送るときに役立つお金と心の本』（主婦の友社）などがある。

【大活字版】

大増税でもあわてない相続・贈与の話
改正相続税法対応のすべて

2019年3月15日　初版第1刷発行

著　者：天野　隆

発行者：小川 淳
発行所：ＳＢクリエイティブ株式会社
〒106-0032　東京都港区六本木 2-4-5
電話：03-5549-1201（営業部）

法務監修：松下雄一郎（小山法律事務所）
編集協力：向山 勇（ウィット）
イラスト：中村あゆみ
装　幀：ブックウォール
組　版：アーティザンカンパニー株式会社
印刷・製本：大日本印刷株式会社

落丁本、乱丁本は小社営業部にてお取り替えいたします。定価はカバーに記載されております。
本書の内容に関するご質問等は、小社学芸書籍編集部まで、書面にてご連絡いただきますようお願いいたします。

本書は以下の書籍の同一内容、大活字版です
SB新書「大増税でもあわてない相続・贈与の話」

ISBN 978-4-7973-9967-7